JN089102

最新版

2時間で丸わかり

不動産の

Basics of the real estate

基本を学ぶ

畑中学 **不動産コンサルタント**

かんき出版

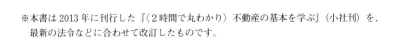
※本書は 2013 年に刊行した『〈2時間で丸わかり〉不動産の基本を学ぶ』（小社刊）を、
最新の法令などに合わせて改訂したものです。

●はじめに

　はじめまして。不動産コンサルタントの仕事をしている畑中学（はたなか おさむ）と申します。

　本書は2013年に出版した『〈2時間で丸わかり〉不動産の基本を学ぶ』の改訂版です。ありがたいことに、6万人の方々に読んでいただくベストセラーになりました。

　そして、このたびの最新版では、2020年に施行された民法改正など最新の法令や制度への対応、読者のみなさんから寄せられた疑問に答えた解説ポイントや実例を盛り込んだ形で、出版することとなりました。

　また、判型をひと回り大きくすることで、全体に見やすさを重視しました。

　さて、この本を手にとってくださったみなさんは、不動産会社や建設会社にお勤めの方でしょうか。

　あるいは、自ら不動産投資をされている方、大家さん、不動産を担保に融資をしている銀行員の方、これから不動産関係の仕事に就かれる方や学生の方もいらっしゃるかもしれません。

　そんなみなさんに、お聞きしたいことがあります。

　不動産にかかわる仕事って、高額の商品を扱っているわりには、OJT（オン・ザ・ジョブトレーニング＝日々の仕事を通じて、必要な知識やスキルを身につけること）が中心で、実務の基本をじっくり学ぶ機会が少ないと思いませんか。

　入社すると研修もそこそこに「一軒でも多く売って来い」「仕事は上司や先輩の背中を見て学ぶものだ」といきなり現場に出されてしまう。

　仮に研修の機会があったとしても、概要を大雑把に理解するだけでも一苦労。到底、細かい実務の話まではわからないので、仕事をするには

不十分。手探り状態で失敗をしつつも、仕事で１つ１つ覚えていくしかないのが現状だと思います。

　一方で、不動産の実務を学ぼうと思っても、そのようなテキストがないので躓いてしまうし、分厚い専門書を読むのは少しつらい。

　このような悩みを感じたことはありませんでしょうか？

　ただでさえ不動産の仕事は複雑です。調査から始まり、法律上の規制の解釈、融資の審査、売買価格の査定、売買契約書の作成など多岐にわたる実務があります。これらを覚えていく、またポイントを掴んでいくというのは長く険しい道のりでしょう。

　「上司や先輩に質問しよう！」と思っても、忙しそうでとても相談できそうにない。同僚に聞いたり、あるいはネットで情報を集めても、間違った情報、前提条件が異なる話ばかりで、マネしようとしても思い通りいかなかったり、逆にミスを広げてしまったり……。

　そんな苦い経験をされてきた方が多いのではないかと思います。

　本書はそのような思いをされたみなさんの実務レベルを一段階上げるための、「不動産実務の基本とその学び方」をまとめたものになります。

　実は私もＯＪＴ一辺倒で遠回りした過去があります。20代で不動産会社に就職し、ＯＪＴで知識やスキルを覚えていましたが、実務の１つ１つの意味を深く考える機会はありませんでした。浅い理解のまま目の前の案件を処理する、という表面的な対応に終始していたので、ときどき大きなミスをしていました。

　中にはとんでもないミスもありました。お客様は「損した訳ではないから」と、笑って許してくれましたが、今の私がもしそこに居たら口から火を噴いて怒りそうな内容でした。とても申し訳なく、楽天的だった

当時の私もさすがに「これではいけない」と自分に嫌気がさしました。

　そこで一念発起し、不動産の実務に関する1つ1つのテーマについて、その仕組みが存在する理由や意味をきちんと理解してから、具体的な手続きを確認し、お客様への説明方法へつなげていくというプロセスで学んでいくようにしました。

　それ以降、徐々にではありますが、お客様に対して「なぜ、その手続きや書類が必要なのか」自信をもって説明できるようになりました。

　また、理由や意味を踏まえて理解しているので、細かい手続きの流れについても漏れなく伝えられるようにもなりました。

　おかげで、不動産取引の件数を伸ばすことができ、大きなミスもほとんどなくすことができました。また、難しい案件にも臆せずチャレンジできるようになり、32歳で店長に抜擢されるという、思いもかけない高い評価まで得ることができたのです。

　この学び方のポイント、それは「WHY（なぜ）」→「WHAT（何を）」→「HOW（どのように）」の順に学んでいくことです。

　たとえば、不動産に関する法的な規制であれば、[その規制はなぜ、存在しているのか（WHY）]→「具体的に、どんな規制なのか（WHAT）」→「その規制にかからずに不動産を売ったり買ったりするには、どうしたらいいのか（HOW）」という順番で学んでいくのです。

　この学び方であれば、各実務を意味や根拠を押さえて進めていけるので、肝心なところでミスすることはなくなりますし、ミスをしたとしても大崩れせず挽回できるようになります。

　このように私が実践してきた「効率的な学び方」ができるよう、「不動産の基礎知識」を1冊にまとめたものが本書です。

　本書では、不動産の仕事に必要な知識やスキルを、調査、取引、金融、

価格査定、契約の５つのカテゴリーに分けたうえで、最も大切である調査をさらに２つの章に分けて、全部で６章構成としました。

　いずれの章もみなさんが効率的に学習し、仕事で実践できるよう、普段の業務内容をベースに、「WHY（なぜ）」→「WHAT（何を）」→「HOW（どのように）」の順に解説するよう努めて、なぜその実務を行うのか、どこにポイントがあるのかがわかるようにしています。また、どのようにお客様に伝えればスムーズに仕事が進むのかも示しています。

　お読みいただければ、不動産の仕事をひと通りできるようになり、当事者からはプロと見られる「実務の基本」が身につく内容に仕上げました。

　あとはお客様や取引先からの信用さえつかめれば（これが一番難しく、やりがいがあるのですが）、みなさんが思い描いた理想の結果が得られるでしょう。

　さあ、いよいよ本書の始まりです。
　不動産にかかわっておられるみなさんの魅力的な人生に、本書がさらにお役に立てることを、心より祈っております。

　2021年10月

不動産コンサルタント
畑中　学

※本書の内容は2024年4月1日現在の法令と情報に基づいています。

最新版〈2時間で丸わかり〉 不動産の基本を学ぶ ……目次

第3章 不動産取引の流れを知っておこう

〈ダイアローグ〉
不動産取引のキモは、「お客様の不安の解消」!? ……112

第4章 不動産と切っても切れない 融資の基礎知識

〈ダイアローグ〉
不動産取引は、銀行の気分次第!? ……162

不動産の値段はこうして決まる

〈ダイアローグ〉
不動産の値段は、データだけでは決まらない ……212

最後の仕上げ！
重説と売契で留意すべきポイント

〈ダイアローグ〉
重要事項説明と売買契約は、似て非なるもの ……238

● カバーデザイン　井上新八
● 本文デザイン・図版・イラスト　齋藤稔（株式会社ジーラム）

第1章

まずは
不動産調査から。
メジャー1つで
8割わかる！

不動産の調査は、
順番が大事です！

：「先輩！　先輩！　大事件が起きました。ヘルプです！」

：「えっ、何が起きたの？」

：「店長が、不動産の調査を一人でやって来いって、言うんです。そんなの無理に決まってますよ！」

：「何を寝ぼけたこと言ってんのよ。驚かせないでよ。何度も一緒に調査しているでしょ。はい、さっさと行った行った！」

：「先輩の勉強にもなるから一緒に来てくれても……。ウソ、ウソです（汗）。かわいい後輩にグーの手を見せちゃ駄目ですよ。ちぇ、仕方がないか……。前に調査をしたときのメモを見ると、まず売主さんに話を聞いてから、現地を見て、その後法務局、市役所の順か……。けっこう大変なんだよな」

：「慣れるまでが大変かもね。ただ、その調査の流れが基本だから経験で覚えるしかないわ。追加調査をできるだけしないように1回1回しっかり見て聞いてくることね」

：「そういえば思ったんですけど、何でこういう順序で調査をやっていくんですか？　他の順序でも良さそうですけど」

：「あなたにしては良い質問ね。一言でいえば、情報量が多い順からということね。少ない順から始めると、全体像が把握し

づらいし、新しい情報が出てきて追加でこれを調べておかな
きゃってことがあるでしょ。それって面倒だし、効率悪くな
い？」

：「なるほど、そういう理由ですか！　あともう１つだけ聞いて
いいですか？　調査で気をつける点は何かありますか？」

：「今まで調査に同行していて、何を見ていたのかというレベル
ね（冷）。前に言ったでしょ。建物が使えるか、安全に取引が
できるか、担保に取れるか、この３点は最低限押さえて調査し
ないって。今回もそうするのよ、わかったの？」

：「もちろんです、すべて暗記しました！　先輩、今までありが
とうございました（礼）。今この時点で独り立ちします！」

：「ずいぶん早い巣立ちね、涙が出そうだわ（苦笑）。そうそう、
念のために言っておくけど、調査にはノートとメジャーぐらい
は持っていくのよ。あと現地では、不動産とそうでない物を確
認しておいてね。売買対象があやふやだと調査ができないから
ね」

：「……」

：「……。もしかして不動産の定義とか知らない？」

：「舌の根が乾かぬうち、という言葉。結構好きかもしれません。
……。やっぱり先輩一緒に来てもらえないですかー？」

1 「不動産とは何か」を 知らないと始まらない

●不動産が何かを知る

「彼を知り己を知れば百戦危うからず」と『孫子』を残した孫武は言っていますが、不動産取引でも同じく、彼（不動産、売主、買主）を知り、己（自分）を理解していればスムーズに行くものです。

そのためには、まず私たちは不動産とは何かをよく理解すべきでしょう。

不動産個々の特徴は当然のこととして、そもそも不動産とは何を指すのか、その定義や範囲をよく理解しておかなければなりません。

たとえば、「物置も今回の売買対象ですよ」と買主に説明しておきながら、売主から「物置は不動産ではないので撤去します」と持っていかれては、プロとしての面目は丸つぶれです。

不動産とは何であるのか、それを知らないと始まらないのです。不動産の基本を学ぶには、不可欠なことです。

●不動産とは土地としっかりくっついている物

幸いなことに不動産の定義は悩まずとも済みます。

「土地及びその定着物は、不動産とする」と民法の第86条に書かれているからです。

ここでいう定着物とは、容易に離れない物を指します。たとえば、建物は基礎や杭で土地にしっかりくっついており、容易に離れないので不動産となります。樹木もそう。しっかり根を張っていれば容易に離れな

● 不動産の定義と範囲はこうなっている

不動産に含まれる範囲	不動産に含まれない範囲

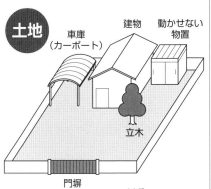

土地

車庫（カーポート）／建物／動かせない物置／立木／門塀

門塀
（取り外せても境界となる門扉や塀は
不動産に含まれる）

▌土地に定着している建物、立木(りゅうぼく)、車庫や
敷地境界を示す門扉は不動産の範囲内

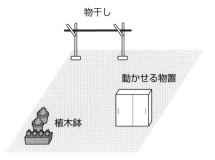

物干し／動かせる物置／植木鉢

▌容易に動かせる物置や物干し、
植木鉢などは不動産の範囲外

建物

造作家具／キッチン

▌取り外すのが容易ではないキッチン
や造作家具は不動産の範囲内

照明／家具／カーテン／家具

▌すぐ取り外せる照明、カーテン、
カーテンレール、造作以外の家具は
不動産の範囲外

いので、不動産となります。

　容易に動かせる物は不動産になりません。植木鉢や軽くて動かせる物置などです。これらは動産となり、扱う不動産には入りません。

　では、建物内にあるキッチンやトイレはどうでしょうか。土地に直接、定着はしていませんが、不動産にはならないのでしょうか。

　民法第242条にこうあります。

「不動産の所有者は、その不動産に従として付合した物の所有権を取得する」

　付合とはしっかり「くっついている」ことを指します。定着と同じような意味ですが、付合には、離してしまうと利用や経済上で不利益をもたらすので、1つの物として見るという意味もあります。

　したがって、キッチンもトイレもしっかりくっついていますし、また取ってしまうと生活が成り立ちません。なので、不動産そのものではありませんが、不動産の一部分として扱うことになり、売買する場合は建物の一部分として一緒に引き渡しされるのです。

　一方で、エアコンやカーテンは外すことが難しくなく、無いと暑かったり人の目は気になったりしますが、生活自体はできます。ですから、原則として不動産とは別に扱われます。

　不動産を扱う際には、必ず現地でどれが不動産に該当するのか、しっかり確認してください。

ここがポイント！①

「不動産とは何か」がわかるのが、プロとしての第一歩！

2 売りたくても売主になれない？「売主」「買主」とは

●不動産はどこからどこまでか

不動産の定義の次は、範囲の理解です。

売っている不動産のどこからどこまでが範囲かわからず説明できなければ、買主は支払う金額に見合っているか不安になります。また、「ここも敷地内ですよね」といった勘違いを生みます。トラブルのタネになるので、範囲はどこまでなのか必ず理解しておきましょう。

土地については、隣地との所有権の境までが範囲となります。具体的には、隣地等との接点にある境界標や境界となる塀までです。もし、それらの境界がなかったりわからなかったりする場合は、その範囲は曖昧ということです。隣地等の所有者と相談したり、専門家へ依頼して明確にしておきましょう。

マンションなどの建物の一室（区分所有と言います）の場合は、隣室との境にある壁や柱の厚みの中央部分までが範囲となります。上下の場合は、上下階境のコンクリートの厚みの中央部分です。なお、それ以外の建物は外面までとなります。

これらをしっかりと理解して説明できるようにしておきましょう。

●売主は不動産を持っている人？

不動産の定義と範囲が理解できましたら、売主と買主についても理解しておきます。

売主とは誰を指すのか？　と聞かれたら「それは不動産を持っている

人でしょう」と返してしまいそうですが、実はそれだけでは不十分です。

　売主とは不動産を所有しており、かつ売却できる意思能力と売却できる権限がある人を指します。ポイントは意思能力と権限です。

　意思能力とは、法律行為の意味を理解できる能力のことです。意思能力の有無は個別に判断されますが、一般的に認知症や10歳未満の人は意思能力がないものと見られます。ですので、たとえ「売りたい」となっても、認知症の人であれば登記手続きなどの法律行為ができないので、結果として売ることができません。売主にはなれないのです。

　権限とは、法律行為を行うことが正当と言える地位や能力のことです。当然、不動産を所有している人は売る権限があります。ただ、不動産を所有していなくても売主になれる場合があります。たとえば裁判所で定められた法定代理人（成年後見人等）や個人で委任した任意代理人、売買契約はしたがまだ登記をしていない不動産を売りたい人です。これらの人は法律上の権限があるので売主になれますが、逆にそうでないと売主にはなれないのです。

　もし、「息子の代わりに息子の家を売りたい」という親から相談があった際は、その権限があるのかを確認するようにしましょう。

●買いたくても買主にはなれない

　一方で、買主はどうでしょうか。「不動産を買いたい！」と言えば買主になれるのでしょうか。

　答えは売主の場合と同じくそれでは不十分。買主とは、購入できる意思能力と購入できる権限、資力がある人です。

　意思能力と権限は売主の場合と一緒。8歳の男の子が買いたい！　と言っても意思能力で疑問がつきます。また、息子の代わりに買うと言う父親がいたとしても、権限がなければ買主にはなれません。

　これらと同じく必要なのが資力。つまり、お金の裏付けです。お金が

ないのに「買いたい」と言われても、買主になれないのは当然です。ただし、ローンが組める、親から贈与があるとなれば買主になることができます。なので、資力そのものがあるか、もしくは資力の裏付けがあるなら買主になれます。この点を見極めましょう。

　なお売主、買主のことを合わせて売買当事者と言います。私たちはこの売買当事者をサポートしていくことが仕事なのです。

●売買当事者と売買手続きができる人

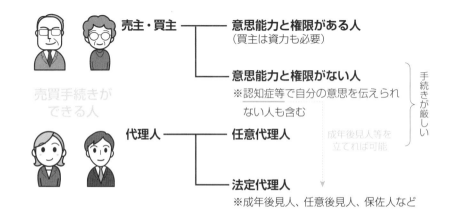

売主・買主 ── 意思能力と権限がある人
　　　　　　　（買主は資力も必要）

売買手続きが
できる人

　　　　　　 ── 意思能力と権限がない人
　　　　　　　※認知症等で自分の意思を伝えられ
　　　　　　　　ない人も含む

手続きが
厳しい

成年後見人等を
立てれば可能

代理人 ── 任意代理人

　　　　 ── 法定代理人
　　　　　※成年後見人、任意後見人、保佐人など

ここが
ポイント！
②

不動産の定義や範囲、買主、売主がわかれば不動産取引も百戦百勝

3 私たちの仕事は「理解」「納得」「信用」でつくられる

●存在意義は理解と納得をもたらすこと

　最後にもう1つ、私たち不動産業者、つまり売主と買主を仲介する立場についても触れておきましょう。

　私たちは「売買当事者に不動産についての理解と納得をもたらす」役割を果たします。また、その点に存在意義があります。

　宅地建物取引業法（以下、宅建業法）には「宅地建物の取引の専門家」「購入者等の利益の保護」「公正かつ誠実に法律の事務を行う」と私たちの役割について書かれています。ただ、これだと買主は専門的なアドバイスを受け利益が保護されるので、私たちに依頼をする意味はあるのですが、一方で売主にとってはどうでしょう。たとえば、価格を最重視する売主にとっては、専門家であることや公正誠実の事務をすることが高い価格で売れることに直結すると想像しづらく、依頼する意味はあまりなく、私たちの存在意義が薄いような気がします。

　この点を徹底的に深掘りしてきた結果、冒頭の回答「売買当事者に不動産についての理解と納得をもたらす」に落ち着きました。

　不動産取引の仲介のことを、媒介と言います。その言葉の意味は、広辞苑では双方の間をもってとりもつこと。不動産取引における意味では、売主と買主の間をとりもって、売買契約を成立させるため尽力する行為のことです。

　「媒介すること」が存在意義ならスッと理解できます。売主も高く買ってもらうため、買主との間をとりもってもらう、そこに依頼する意味があるからです。

具体的には契約成立までの過程において、調査、説明して不動産がどのようなものかを買主に「理解」してもらうこと、双方の気持ちを考えながら価格など契約条件で「納得」してもらうこと、この2つに私たちの存在意義があるのだと考えたのです。いかがでしょうか？

　ただ、これはあくまでも私が考えた1つの「論」です。ぜひみなさんが、各々で存在意義を考えていき、答えを見つけていってください。

●顧客からの信用を得るには

　不動産の仕事を進めていくには、みなさんの知識や経験が大事なのは当然ですが、より重要なことがあります。

　それは、顧客からの「信用」です。

　プロとしてその顧客にとって最善の方法を伝えても、信用されていなければ「それはあなたが買わせたいからでしょう？」「いやそれよりも他の方法を取りたい」と勘ぐられてしまい、提案が採用されないからです。これではもったいないですし残念ですよね。顧客に誤った方法をとらせて損をさせないためにも、みなさんが能力を発揮するためにも、顧客から信用を得ておくことは重要なのです。

ダイジョブかな…

では、顧客からの信用を得るにはどうしたらよいでしょうか。「話を聞いてくれた」「答えに納得できた」「きちんと対応してくれた」など、信用を得るにはいろいろと方法がありますが、おそらくそれだけでは不十分。「お任せします」「その通りで進めます」というレベルで信用を得るには、顧客から「私が言いたいことや気持ちを理解してくれている」と思われるように、「顧客との感情の行き来」を積み重ねることが大事と言えます。

　「顧客との感情の行き来」とは、不動産に対して顧客が感じることを理解して、それに沿って最適だと思う、好ましい提案をする過程で生じるものです。

　というのも、不動産は感情で売買されるものだからです。どんなに価格や諸条件が合っていても「ここなら自分が望んでいた生活（利用）ができる」という感情が伴わないと、「買わない」という結論になってしまいます。

　ですから、不動産のプロとしては、まず、「家族を包み込む暖かさが欲しい」「ホームパーティが出来て楽しく暮らしたい」「落ち着いていて、朝気持ちよく目覚めたい」など顧客が不動産に対して想い描く感情を把握して、理解を示しましょう。

　そのうえで、「こちらなら家族仲良く暮らせそうですね」「キッチンがオープンでホームパーティに最適ですね」と的確に提案したり、もし物件が見つからないなら「道路に面していない静かな寝室のある不動産を探しますね」といった提案をして、「私のことをちゃんとわかってくれる、この人に任せたい」と信用を勝ち得たいものです。

　なお、不動産取引の場合は、まったく会わずに、メールやSNSのみで成約に至ることは稀です。バーチャルな関わりでは「感情の行き来」が難しいからです。信用を得るためには、できるだけ早く顧客と会う方が近道でしょう。

さて、ここまでは不動産の基本を学ぶ前座です。いよいよ次節から不動産の調査についてお話をします。

ここが
ポイント！

③ 売主と買主の間と取り持って売買契約を成立することが私たちの存在意義。そのためにはまず信用を！

4 誰にでもわかることこそ 調査しなければならない

●義務がない不動産の調査

　不動産の取引を行う際、仲介する不動産業者は必ず物件の調査を行います。でも、宅建業法をよく見てみると、調査義務については何も明確な規定がありません。説明をする義務は課しているのですが、調査をする義務はないのです。

　では、調査はしなくともいいか？　と言うとそうではなく、説明する以上、プロとして調査するのが当然と解釈するようです。

●誰でもわかることは調査しなければならない

　このように調査に明確な決まりがないことで、どこからどこまで調査をしたらいいかわかりづらくなっています。そのため私たち自身で調査の基準をつくらなければなりません。

　ですが、全くの白紙から調査基準をつくるのは大変です。そこで、裁判所の判例を見てどこまで調査すれば、「宅建業者としての責任を果たしたか」「後日問題とならないのか」という2つの視点から基準をつくることになります。

　宅建業法では宅建業者の調査義務に関しては次のように判断していることがわかります。

1）誰でも見たり、聞いたり、調べればわかることは調査する必要がある（消費者が見てもわかるようなことは、調査して説明しなければ

ならない）

２）高い専門性が必要なことまで調査する必要はなくかつ責任も負わないが注意を促すことは必要である

また、宅建業者の責任については次のように規定されています。

３）依頼者がそれを知らないと不利益を被ることは調べて伝えなければ責任が問われる
４）調べられる範囲内で調べていれば責任は生じない

個別では違う判断がされる場合もありますが、大きな流れとしては上記の考えがあるようです。私たちはこの判断をベースに、調査基準と範囲を決めていくことになります。

●専門家に任せることを決めておく

気になるのは「高い専門性が必要なことまで調査する必要はない」という箇所です。高い専門性とは、地盤調査や耐震診断などの特別な知識や資格、機材が必要なことを指します。

でも、これらについては全く無視して構わないかというとそうでもなく、目で見てわかるような建物の傾きがある場合は依頼者に「注意が必要ですよ」と告げる必要があります。

その上で「専門的なことは責任が取れないので、もし取引に重要だとお考えなら、専門家をご紹介しますので専門調査の依頼をしましょう」と伝えるのです。

素人から見れば、不動産のことなら何でも知っていると思われるのが不動産業者です。そのため、専門家への依頼と判断をもらうことを伝えないと後日無用なトラブルを招くことにもなりかねません。

●不利益に当たるのかどうかを見極める

依頼者の目的によって不利益になることとならないことがあります。たとえば、古家を解体して新築を建てるのを目的としているのであれば、古家がどういう状態であっても問題ありません。

解体をして新築物件を建てるのですから、依頼者の不利益にはならず責任は問われないということです。

一方、古家をそのままの状態で住む場合は、建物の現況が大きなポイントになるでしょう。

このように依頼者の目的によって調査範囲は変わってきます。

●最善を尽くしたのかを自問自答する

また、調べられる範囲内で調査しておけば責任は生じないというのも重要です。特に不動産の場合は所有者しか知りえないことが多くあるため、所有者が話をしてくれなかった事柄については、調査をするにも限りがあります。

そういった場合には、「所有者からの聞き取りで、ここまではわかりました」「所有者以外にも調査をしましたが、問題ないようです」と依頼者に現状をそのまま伝えれば責任は生じないと考えて良いでしょう。「調査に最善を尽くしたのか」と、常に自問自答するよう心がけてください。

●調査の定義づけが大事

　不動産の調査とは、不動産がどのようなものなのかを誰にでもわかりやすくすることです。

　見ただけでわかるのはほんの一部分で、権利関係や法律関係などを調べてみなければ本当の姿が理解できないからです。

　そのことを依頼者もよくわかっています。

　一方で、依頼者が不動産業者に求めているのは、不動産の「目に見えないもの」「気づかないもの」「見てもわからないもの」という３つの障壁によって目的が達せられず、不利益を被らないようにすることなのです。

　したがって、不動産業者は「目に見えないこと」「気づかないこと」「隠れていること」についても明らかにしなければならないということです。ここまで述べてきた判断基準をベースにこの３点を留意して、各個人で不動産の調査を定義づけして、「何を調査すべきか」範囲を決めていきましょう。

ここがポイント！ ④

不動産の調査とは、不動産を誰にでもわかりやすいものにすること。その仕事がとても大事！

5 A4 1枚の住宅地図を調査に活用する

●どこで何を調査ができるのか

「とりあえず現地を見てこようか」

　急に先輩から不動産の調査に行ってこいと言われた新人君がまず思うことです。でも、不動産調査イコール現地調査、で良いのでしょうか。一般的に、不動産調査には下表にまとめた6つの対象（箇所）があります。

●不動産調査の6つの対象（箇所）

1	当事者	所有者、売主、代理人です。主に関係書類を受領するほか、ヒアリングによって不動産の概況をつかみます。このヒアリングにより調査の全体方針が決まります。
2	現　地	敷地内外の環境をつかみます。現地を見て法務局、行政、ライフライン等についてどんな調査をするのか方針を決めます。
3	法務局	法務局出張所、あるいは本局にて調査を行います。ある程度はネットでも調査が可能です。主に権利関係の調査をしますが、同時に不動産の対象範囲や担保価値をつかみます。
4	役　所	役所（市区町村役場、都道府県庁）にて調査を行います。ある程度はネットでも調査が可能です。主に法律関係の調査を行います。役所の調査は、調査方法によって結論が異なる場合があります。
5	ライフライン	上水道、下水道の管轄行政庁、電気・ガスの各会社にて調査を行います。ネットやFAX経由で行う場合もあります。配管が届いているのか、管径はいくらかをつかみます。
6	関係各所	マンションの管理会社、借地人、地主、税務署、電鉄会社が主なところです。マンションや借地底地など不動産の属性によって調査対象が異なります。調査する人の経験値によって答えが変わることがあります。

●情報を多く得られる順から調査を始める

　この調査すべき6つの対象を効率よく回るには、以下の順序をおすすめします。

1）当事者→2）現地→3）法務局→4）役所→5）ライフライン→6）関係各所

　1）と2）とで調査方針を決め、3）から6）ではその方針に基づいた活動を行うという流れをつくれるからです。

　1）当事者と2）現地はどちらも得られる情報量が多いのですが、あえて当事者を先行させるのは、当事者が、私たちには見えない情報を豊富にもっているからです。「浄化槽は埋めたままだよ」など、土の下のことは現地を見てもわかりづらく、当事者しか知りえません。

　3）法務局では主に権利関係をチェックします。ただ、権利関係は当事者と現地の調査により事前にある程度把握できますので、それらの後にします。

　4）役所の調査は登記事項証明書や公図、地積測量図を使う場面があるので法務局の後にします。

　5）ライフラインは役所調査の前後どちらでも構わないのですが、重要度から言えば役所のほうが上ですので、役所を先にします。

　6）関係各所は他の調査の結果を受けることが多いので、最後となります。

　当事者が不動産を良く知っていれば、あとの調査は確認と書類集めのみ、そんなこともまれにあります。

●A4 1枚の住宅地図で省く調査と手順を決める

　調査の際にはA4 1枚の住宅地図（居住者名と住所が表示された地図）を用意してください。そのうえで「依頼者の目的」と3つの「T」、すなわち「利用」「取引」「お金」を思い浮かべながら、その住宅地図を眺めます（3つの「T」については34ページで説明します）。

　この段階で不要な調査の割愛を検討します。たとえば、不要となる調査の代表例が、法務局調査の一つである「隣接住戸の一覧」調査です。

　住宅の売買では、住宅地図上のお隣が法人（会社）所有であれば、騒音や臭気による住環境の侵害があるかないかを予測し判断しなければなりません。そのため、登記事項証明書（要約書）と履歴事項全部証明書（会社謄本）を取得することで、どんな業種か、また、人の出入りはどの程度あるかについて調査します。

●住宅地図のサンプル

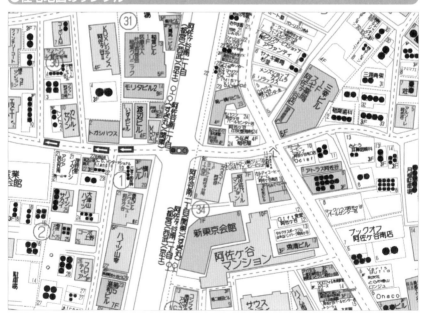

しかし、お隣りが個人の場合は、同じように住宅として利用していることが多いので、登記事項証明書を取得して調査する必要はなくなります。

また、住宅地図は調査の手順を決めるためにも役立ちます。敷地内に擁壁（土あるいは山が崩れるのを防ぐ壁状の構造物）がある場合は、当事者へのヒアリングよりも現地調査を最優先にして、安全性が確保されているのか、もしくは、危険なので擁壁の組み直しが必要なのかを見ます。

不動産の購入者にとって擁壁は、利用上問題がありますし、かといって組み直すとなるとお金がかかるからです。

いずれにせよ、住宅地図を積極的に活用していきましょう。

ここが ポイント！⑤

どこから調査をしたらいいかと悩んだら、
情報量の多いところから調査していく。
これが鉄則！

31

6 不動産調査は「正しさ」よりも「納得」を重視する

●依頼者の目的によって変わる答え

　不動産を調査する際には、必ず依頼者がいます。そして、その依頼者には調査をしてもらう目的があるはずです。住むのか、貸すのか当事者によって異なりますが、さまざまな目的があるはずです。

　そのため私たちは依頼者の目的に沿って、納得ができるように調査をする必要があります。「正しさ」も大事ですが、「納得」はより大事なのです。

　たとえば、中古戸建の購入希望者から不動産調査の依頼があり、その依頼者が将来的にはいまの建物を壊して新築にしたいという目的があるとします。

　その場合、再び建物が建てられるかどうかに主眼をおいた調査になるはずです。ただ、「正しい調査」の報告にこだわってしまうと、調査の結果、万一、再び建物が建てられないことがわかると「将来、建て替えはできません」と依頼者に回答し、調査はあっさり終了となってしまいます。

●依頼者が納得してくれるまで調査する

　でも、これでは依頼者からの「納得」を得ることはできません。建物を建て直したいと思っている「依頼者の納得」を考えるならば、「どうすれば建て替えられるようになるのか」という可能性まで調査をするべきです。そこまで調査すれば、結果はどうであれ依頼者の納得は得られるはずです。

　調査にあたっては、まず「現状の正しい姿」を把握します。その後に依頼者の目的に沿って、さらなる調査を行う。その結果、「こちらからこのように能動的に動けば目的を達成することができる（できない）」という答えを用意します。

　依頼者は、「そこまでやってくれれば納得できる」と思うはずです。また、ここまで重層かつ能動的に調査をしてこそ、不動産の調査としては合格点といえるでしょう。

●自分のために調査をする

　私は不動産調査は自分のためにも行うものだと考えています。それはある時、調査結果を理解してもらおうと、事細かに説明をしていたらお客さんからこう言われたことがあるからです。

　「あなたが自信をもってその点については問題なし、と言うならそれでいいです。一所懸命説明を受けても、素人の私には問題があるかないかわかりませんから」

　その通りだと思いました。私が自信をもって問題ないと言えれば、長い説明は不要でした。ただ、自信をもって話すには不動産の調査に手が抜けません。したがって、お客さんのため、そして自分のためにしっかりと調査をすることが必要です。

　不動産調査をしたという「自信」が依頼者の安心につながります。不動産調査の基本は「納得」と「自信」、この2点にあると思います。

ここがポイント！ 6

依頼者の問いに答えているか？
納得を得られるような調査をしよう！

7 その不動産は「使えるか」 「取引は安全か」「担保に取れるか」

　実際に不動産の調査を始めてみると、調べようと思えば際限なく調べることができることがわかります。法律、金融、税金、建築など不動産に関する要素が多岐にわたるからです。

　ただ、何度か経験すると、調査すべき大きなポイントは３つに分類できることがわかります。「使えるか（建てられるか）」「取引（手続き）は安全か」「担保に取れるかどうか」。頭文字はすべてＴですので、略して３つの「Ｔ」としておきます。大多数の調査はこの３つの「Ｔ」を調べるのが主眼と言えます。

　まずは、この３つの「Ｔ」を判断基準に、「どの調査を省くか」を取捨選択することをお薦めします。

●「使えるか」は目に見える部分も注意

　建物が「使えるか（建てられるか）」が１つ目の調査ポイントです。多くの方にとって不動産を使うイコール建物を使う、ですから、これが最も重要なポイントかもしれません。

　建物が傾いていないか、柱、床などの主要構造部に歪みがないかなど、目で見てわかる範囲の調査と、登記事項証明書での築年数の確認、役所での建物の適法性などでチェックします。

●経験に左右される「取引は安全か」

　2つ目は「取引（手続き）を安全に進める」ことです。今後起きそうな事柄も予見して不動産の調査を行うことが肝要で、もし将来、再建築できなくなる可能性があるなら、しっかりと依頼者へ説明しなくてはなりません。

　プロですから、その専門領域で今後を見通す予見性を求められて当然です。経験に左右される面がありますが、役所調査をしていると、だんだんわかるようになってきます。

●「担保に取れるかどうか」は登記を調べてみて

　最後は「担保に取れるか」です。不動産とお金は深い関係にあり、その不動産にどれだけのお金を支払う価値があるかは多くの関係者が気にするところであり、調査の重要なポイントです。

　具体的には、登記事項証明書の調査がメインとなります。面積から売却時に得られる金額が、抵当権の有無から所有者の経済状況が、差押の有無から税金や債務の滞納状況が、それぞれわかります。

●3つの「T」を意識すると見えるもの

　これら3つの「T」を意識しながら調査をすると大きなトラブルに見舞われることは少なくなる思います。

　不動産取引の最終局面で出てくる重要事項説明書（くわしくは第6章参照）。これには権利関係、法令上の制限など、いろいろな専門用語が書いてありますが、よく見てみるとこの3つの「T」、つまり「利用」「取引」「お金」に影響する要素の羅列で構成されていることがわかります。

　それだけ重要な要素と言えますし、トラブルを避けるにはこの3つは押さえる必要があると考えられていることがわかります。

ここがポイント！ ⑦

調べれば切りがないのが不動産調査。
3つの「T」に絞ることで、頭の整理ができる。

8 ヒアリングでは「今までの歴史」「雑談」「1時間」を意識する

●所有者へのヒアリングは紙に書きながら

　何をどう調査するのかを決めたら、さっそく調査に入ります。最初の調査は所有者へのヒアリングとなります。ヒアリングはその場で話の確認を取る方が良いので、現地（対象不動産）にて行うのが望ましいでしょう。なお、ヒアリングによって調査方針が決まるため、聞き漏らしなどしないようにします。

　ただ、どんなに注意してもやってしまうのが、所有者が言っていることへの認識の違い。「そういう意味ではなかったんです」と後になって言われないように現地で必ず言葉の意味を確認しましょう。もしくは紙に書いて見せることで、当事者との認識の違いが生じないようにします。

●よくわからない代理人とは話をしない

　所有者ではなく代理人が対応してくることもあります。その場合、所有者から直接紹介されるとか、所有者から印鑑証明書を添付した委任状など、「この方が代理人ですよ」という書面がない限り、重要な話をするのは控えるのが賢明です。代理人の話をすべて真に受けると、後で痛い目にあうこともしばしばあるからです。

　私自身も、息子の代理人という母親から「何も問題ない」という不動産の売却依頼をいただき、契約する直前になって実際は住宅ローンを滞納しており、売るに売れない状態だったという失敗談があります。

　そのときは、代理人と名乗る母親の言葉を鵜呑みにせず、直接、息子

さんに売却理由の確認を取れば良かったなと後悔しきりでした。

　不動産は所有者しか知らないことも多く、また責任も取ることができません。事情をよく知らない代理人の言葉は鵜呑みにしないのが賢明です。

●ヒアリング内容をまとめる

　ヒアリングで聞いた内容は、記録用紙にまとめていきます。不動産の調査結果をまとめる調査シートがあるなら、不動産の概要を1枚で見返すことができるので、そこに一緒に書いておくのでもいいでしょう。

　記録用紙は1）記録を見返せる、2）記録を保存する、この2点が目的です。

　必ずしも用紙ではなくノートPC、タブレットでも構いません。みなさんの使いやすいツールを用意してヒアリング内容を記録していきましょう。

●「今までの歴史」「雑談」「1時間」を意識する

　さて、準備が整いましたら、当事者へのヒアリングとなります。その際には「今までの歴史」「雑談」「1時間」の3つを心がけます。

　なぜこの3つなのかと言いますと、当事者に「リラックスして」「話を対象不動産に絞って」「集中して」話をしてもらうためです。ちなみに、時間を1時間と決めているのは、話が脱線せず集中できる限度だからです。実際は20〜30分もあれば十分です。

「買ってから今までの話をお聞かせください」このようにお願いしてヒアリングを始めます。内容は雑談風で構わないので、不動産のことを時系列に話してもらいます。そうすると、当事者が隠したいことがあっても、前後の話の流れがおかしくなるので、否応なく隠すことはまずできません。もし、前後を聞いて話が省かれているなと思ったら、すかさず

指摘しておきましょう。

　話になかった点や、重要事項説明書に盛り込まなければならない点については、一通り話が終わってから、質問をして回答を得ます。これでヒアリングを終えます。

●ヒアリングの基本とは？

　所有者へのヒアリングは、1）所有者が話しづらいことをすべて聞く、2）所有者がどのような考えの持ち主なのかを知る、3）売買の場合はその理由を聞く、の3つが基本となります。

●話しづらいことを聞くこと

　所有者は自宅が雨漏りしているなど、自分の利益にならないことは悪意がなくとも「言いたくない」もしくは「話しづらい」ものです。少なくとも、聞かれない限り話さないでおこう、ぐらいは思うのではないで

しょうか。調査をする私たちは、自分に不利になることでも話をしてもらうようにする、そこに頭を使う必要があります。

「後々トラブルになると○○様（所有者）にもご迷惑をおかけすることになりますから」と、所有者にも黙っていると不利になると伝えて話をするように誘導するのもひとつの手です。また、所有者の素振りから話しづらいことを察知して、話しやすいように助け船を出してあげるケースもあるでしょう。

●所有者がどのような考え方をするのか

ヒアリングの際は後日の交渉のことも含めて、所有者の考え方、価値観、また決断を促す引き金となるポイントを知るように留意します。「この方はこういう方」と、一言で所有者の人物像を描けるようになれば、どのポイントを突けば調査が進むのかがわかります。また、取引や交渉の際にもとても役立ちます。

お金を重視する方には、お金の話を中心にするべきですし、家族を重視する方には、どうすれば家族が幸せになれるかを中心に話題を提供することで、いろいろと話を引き出すことができます。

●売買の場合はその理由を聞く

売買における調査では、「売買の理由を聞く」というのはプロの鉄則です。そこから見えてくるものがあるからです。

住み替えをするために売却する場合は、家が狭いとか、設備に問題があるなど、何かに不満があることがわかります。そこを尋ねることで不動産に関する情報が得られます。

また、売却代金を住み替え先に充てる予定であれば、価格の値下げは難しいかもしれません。交渉の際にこの情報が活きてきます。このよう

に、「住み替え」と言う言葉1つでさまざまなことが連想できます。また、その不動産がどのようなものかが浮かび上がってきます。

●ヒアリングの際のチェックポイントは？

具体的にヒアリングでチェックすべきポイントを下表に10個並べてみました。

これらを依頼者の目的に沿って簡単に流して話すところ、深く突っ込むところを選別していきます。なお、依頼者が思わず言葉に詰まるチェックポイントは、何か問題を抱えているところです。そのまま話を流してしまうと、後々トラブルへ発展することもあるので、時間を割いて深く聞くことが必要です。

特に1）事件事故、2）人間関係、3）埋設物については、当事者しか知りえないことです。ここは必ず尋ねましょう。

●ヒアリング時の10のポイント

1	事件事故	自殺、殺人事件、突然死など
2	人間関係	近隣とのトラブル、境界紛争、家族関係のトラブルなど
3	埋 設 物	地下室、浄化槽、隣地の給排水管の有無など
4	土地履歴	もともとは田んぼ（地盤の強弱）、墓地など
5	住 環 境	騒音、臭い、揺れなど
6	歪み破損	建物の傾き、破損、地盤沈下など
7	修繕履歴	メンテナンス、リフォームなど
8	管理関連	ペット飼育の有無、火事震災風災への対策など
9	財 務 面	ローンや税金の滞納、登記上見えない債務など
10	嫌悪危険施設	近隣に墓地、火葬場、風俗、暴力団事務所があるなど

●メンテナンスにお金と時間をかけているか

　私がチェックポイントの中で最も重視をするのは、7）修繕履歴、つまりはメンテナンスについてです。メンテナンスには相応のお金と労力がかかります。そのため所有者がメンテナンスをしている不動産は、それだけの価値がある可能性が高いといえます。

●当事者に確認する書類

　さて、ヒアリングの過程では所有者に、所有している書類の有無を確認することがあります。次ページの表にその書類を7つ紹介しました。

　これらの書類は何かと必要となるものばかりです。確認をしたらコピーを取るようにします。また、どの書類も再発行がきかない重要なものばかりですから、紛失しないよう取り扱いには注意します。できるだけ預からない方が賢明です。

　ここまでで、所有者へのヒアリング等の調査は、ひと通り終了です。

●ヒアリング時に確認すべき書類

	権利関係書類	登記済権利証、登記識別情報を持っているか確認。紛失していると代替の手続きと費用が必要になります。所有者が権利者本人かどうかを確認します。
	固定資産税納税通知書	直近の納税通知書です。固定資産税等の税額と評価額を確認します。評価額は登記費用等の算出に利用します。
	上下水道・ガス電気の明細書	上下水道・ガス電気を利用しているかどうかを確認します。また、建物などを利用しているかを確認します。浄化槽から下水道へ切り替えている場合は、下水道料金がかかっています。
	測量図等	確定測量図もしくは現況測量図。これがあると敷地の大きさ等を把握できます。また、隣地と境界が定まっているかがわかります。
	建築確認通知書	建物が建築確認および確認検査を受けているかを確認します。通知書記載の内容と現況が異なっていると違法建築の可能性が高いです。また、リフォームする際や、火災保険金額の算出に用います。
	間取り図等	設計図書、パンフレット等のこと。取引その他に用います。建築確認通知書に添付されています。設計図書はリフォーム、耐震診断に利用します。
	税金関連書類	購入時の売買契約書、建物請負契約書、住み替えの場合は前回所有物件の譲渡所得税の申告書など。取引でかかる税金を確認します

ここがポイント！⑧ 大事なことはしゃべりにくいもの。売主のちょっとした仕草や躊躇を見逃さず、話を聞き出そう！

9 プロは「現場100回」を やってはいけない

●何度も現地に行くような調査はしない

　刑事ドラマでは「現場100回」といって、捜査に行き詰まると現場に立ち戻って調査をし直します。同じように不動産の調査でも何か不明な点があると、現地で確認をすることが必要となります。経験者ほど現場での確認が習慣になっています。

　現地調査は最初の1回で基本調査をすべて終え、その後、法務局や行政での調査結果を確認するために、最後にもう1回現地に行くのが一般的な流れです。その後は、取引やコンサルティングの最中に複数回現地に足を運び、調査結果に変更がないかどうか、また不明点の確認を行います。

　ただ、最初の調査が甘いと何度も現地に出向く羽目になりますので、1回目でしっかりと調査を行い基礎を固めます。プロは現場100回をやってはいけません。

●現地調査ではありのままを把握する

　現地調査の目的は「不動産のありのままの状況を把握すること」にあります。それは不動産業者の調査が現況有姿（現状あるがままの状態）の確認を原則としているからです。

　その際にとても大事なことは、現地を見て「この不動産は他の不動産と比べてここが違うな」と感じることです。違うなと感じる点を詳細に調べていくことで、その不動産が抱えている問題点や欠陥なども見えてきます。

●現地調査における10のポイント

現地調査では、主に10の調査ポイントがありますので、まずはそれを下表にあげておきます。なお、ヒアリングの場合とは異なり、現地調査では必ずひと通り見ていくことが必要です。

●現地調査時の10のチェックポイント

1	敷地形状	土地面積、形状、大きさ、残置物、擁壁の有無、法地など
2	敷地境界	隣地との敷地境界を確認します。境界塀や標など
3	接道幅員	道路に接面する敷地の幅を測ります
4	近隣関係	周辺の建物、越境の有無、高圧線など
5	ライフライン	上下水道、ガス、浄化槽など
6	建物形状	建物面積、未登記の増改築、建物の傾き、地盤沈下など
7	破損修繕	設備の破損、修繕の状況など
8	管理状況	自転車置き場、ゴミ置き場の整理整頓など
9	使用状況	居住中、空家、賃貸入居、駐車場利用など
10	騒音臭気	騒音、臭い、揺れなど

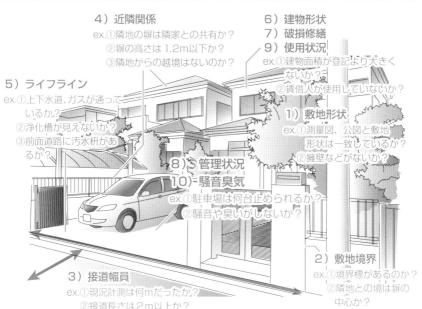

4）近隣関係
ex.①隣地の塀は隣家との共有か？
　　②塀の高さは1.2m以下か？
　　③隣地からの越境はないのか？

5）ライフライン
ex.①上下水道、ガスが通っているか？
　　②浄化槽が見えないか？
　　③前面道路に汚水枡があるか？

6）建物形状
7）破損修繕
9）使用状況
ex.①建物面積が登記より大きくないか？
　　②賃借人が使用していないか？

1）敷地形状
ex.①測量図、公図と敷地形状は一致しているか？
　　②擁壁などがないか？

8）管理状況
10）騒音臭気
ex.①駐車場は何台止められるか？
　　②騒音や臭いがしないか？

3）接道幅員
ex.①現況計測は何mだったか？
　　②接道長さは2m以上か？

2）敷地境界
ex.①境界標があるのか？
　　②隣地との境は塀の中心か？

45

●現地では１つ１つポイントを確認をする

　現地では地道に１つ１つポイントを確認しましょう。

　１）敷地形状では、登記事項証明書や測量図等の資料に記載されている面積より大きくないかをまず確認します。感覚で十分です。

　続いて擁壁、法地（斜面のことです）があるときは、その大きさや高さを把握します。所有者が関連する図面を持っているなら、事前に入手してください。擁壁、法地によっては建築できる大きさ、範囲に制限がかかるので注意が必要です。

　また、敷地内にある物も確認をします。不動産に該当しないものは取引完了時までに撤去したり、処分をしなければなりません。また、敷地各辺の長さを計測しておきます。

　２）敷地境界の確認は、不動産の形状と規模を示す大事なチェックポイントです。現地では境界を境界標（コンクリート杭など）や測量図で確認していきます。隣地との境は所有者も勘違いをしていることがあるため、できるだけ測量図などを見ながら、所有者と一緒に確認するのがいいでしょう。

　よく間違うのが境界に立っている塀。隣家と共有の塀なのか、それともどちらかの所有なのか、測量図を見たり、所有者の話を聞きながら確認してきましょう。なお、境界標が見当たらない場合は所有者に「この辺でしょうか」と確認をしてみるか、測量図があるなら、それに記載されている位置を探して確認します。

　測量図がなく境界標の位置も確認できないときは、境界標が埋まっているか、見えにくい位置（塀の上や下、柵の裏など）にあるなどが考えられます。スコップで掘ったり、広めの範囲で探したりしましょう。

　一方で、徹底的に探しても見当たらない、取れてしまっていると判断したなら、迷わず土地家屋調査士に依頼をして、境界標の復元等の対応をしてもらいます。また、傾いていたり、破損がひどい場合も同様に依

頼します。決して自分では触らないようにしましょう。

3）接道幅員では、建築基準法上の再建築の要件である「4m以上の幅員を持つ道路に2m以上敷地は接していること」を基準に、道路幅員と道路に接する敷地の長さを計測しておきます。もし要件の長さを満たしていなければ、土地家屋調査士などに依頼します。

道路幅員は両側の塀や擁壁の外面まで、側溝があるならその両端までになります。側溝は道路に含まれることが多いです。必ず2点以上で計測しておきます。

道路に接する敷地の長さは、線として2m以上あるかを確認します。接している辺の合計が2mではない点に注意します。また、敷地と道路が敷地内通路で接している形状（旗竿地と言います）であれば、道路に接している箇所以外にも、その通路分すべての箇所で幅が2m以上必要となりますので、合わせて計測しておきましょう。

●樹木の枝が敷地に入っていないか

4）近隣関係では、越境の有無も見逃せません。ついうっかり忘れてしまうポイントですが、隣地からの越境を放置しておくと、取引後にトラブルに発展することもあります。越境の有無を確認し、あるようでしたら越境部分を排除することで対処していきます。

また、高圧線などが上空を通っている場合は、それを所有している会社に電話でヒアリングをします。どの程度の高さにあるのか、建築をする場合の制限や、上空の使用料を土地の所有者にどれくらい支払っているのかを聞きます。連絡先は高圧線をたどった先の鉄塔に掲示されています。

5）ライフラインは後に役所でも調査を行いますが、その際に図面と現地が適合するかを前もって調べておきます。

水道については、止水栓が1軒につき1個は必ずあります。四角い形

状の蓋が地上に出ていますので、その存在を確認します。また、直接道路から引き込まれているかどうかも確認します。隣地から引き込まれている場合は、後日補修や取り替える際に隣家の承諾が必要となります。

　下水道は、下水枡や雨水枡の存在も確認をしておきます。枡は丸い形状をしています。敷地内に下水道枡があり、敷地前の道路にも枡があるようでしたら、下水道を使用しているはずです。

　そうでない場合、浄化槽が設置されている可能性もあります。こうしたケースでは、本下水へつながっているか、あるいは浄化槽利用なのか確認します。

　ガスはプロパンガスが設置されていないかを確認します。都市ガスの利用可能なエリアでも、プロパンガスを利用している人もいるからです。

●隣家と比べてかなり大きくないか

　6）建物形状では、建物を四方より見ていきます。登記事項証明書等の資料に記載されている建物面積よりも大きく感じたら、増改築をしており、それが未登記の可能性があります。

　また、隣家と比べてかなり大きかったり、階数が高ければ違反建築の可能性があります。よくあるのが屋根裏を改築して部屋にしていること。外から見て「もしかしたら！」と感じたら、所有者にヒアリングして確認していきましょう。

　また、建物の歪みや傾きも見ます。見ただけですぐわかるレベルならほぼアウト。修繕か解体を視野に入れるべきです。微妙な場合は、迷わず建物状況調査（137ページ参照）を入れて、専門家の判断を仰ぎましょう。屋根や外壁に破損がある場合も同様です。建物が使えるのか、それともどの程度の修繕が必要かを確認します。

　7）破損修繕は建物内の設備を中心に、故障や修繕の有無を見ていきます。買主はちょっとした傷でも気になるものです。正確に伝えるため

しっかりと確認します。また、過去に修繕をしたことがあるなら、所有者からその箇所や内容を記した履歴を示してもらうようにします。

8）管理状況では、ゴミや自転車の置き場がどの位置にあり、整理整頓がなされているかを見ます。汚いなら管理状態に問題があります。また、ゴミ置き場が不動産の近くにあると購入を敬遠する人もいます。

9）使用状況は、敷地や建物が所有者から聞いたとおりの使用をされているかどうかを確認します。賃借人が異なる、違法駐車がある、このような状態なら退去や撤去を依頼しなくてはなりません。

10）騒音臭気は敷地内外を普通に歩いて感じることがあれば、原因を確認します。前面道路が通り抜け道路で振動がある、小学校から土埃が飛んでくる、菓子工場から甘い匂いがするなどです。所有者からのヒアリング情報と照らし合わせながら確認していきます。

●現地調査はどう行うのか

現地調査は目視（目で見る確認）と簡易計測で行います。現況を見て確認し、対象不動産に関係する数字を簡易計測によって、おおまかに把握していきます。

不動産業者の調査は、原則として、現在の状態を説明するためのものです。もし、目視と簡易計測でわからない点は、調査結果として「わからない」と説明すれば、それで構いません。

ここがポイント！⑨

現地ではありのままを把握する。
問題や欠陥はそのまま説明しよう！

10 メジャー1つで 現場は8割わかる

●現地に持参する必携道具

　現地調査に持参する道具は、調査する人によって異なりますが、複数あるはずです。

　私自身は1）調査シート、2）住宅地図、3）デジカメ、4）メジャー（5m）、5）ペンライト、を現地調査に持参する「必携道具5点セット」としています。あとは戸建や土地の場合のみ6）20mメジャーを、境界標の探索には7）手袋とシャベル、マンション調査の場合のみ8）レーザー距離測定器を、それぞれ追加しています。ちょっとかさ張るので、6）から8）については持参しないことも多いのですが、おおむねこの8点です。

　ただし、現地調査は目視と簡易計測で済みます。また、現場の重要な情報は8割方は長さや幅、奥行、傾きといった2点間の計測でわかる数字です。これらはすべてメジャー1つで確認することができます。つまり、メジャー1つで現場の8割の情報は拾えるのです。

●計測の目的は再建築の有無とトラブルの防止をするため

　メジャーで計測するのはどんなところでしょうか。私は、「再建築に影響する箇所」「トラブルに影響する箇所」という2点を計測対象としています。これらを踏まえると、次ページの表にある4つの計測ポイントが浮かび上がってきます。

1	敷地形状	面積と幅、奥行、塀や擁壁高さなど
2	接道幅員	道路に接面する敷地の幅、道路の幅員、 後退距離（道路に取られる敷地の大きさ）など
3	近隣関係	越境物の長さなど
4	建物歪み	建物の傾きなど

　1）敷地形状では、敷地の大きさをおおまかに把握します。測量図があったとしても、何か変化があるかもしれないので、簡易計測はしておきましょう。また、塀や擁壁があるならその高さの計測も必要です。高さが2mを超えるなら、再建築を行うときに倒壊しないか構造強度の安定性が役所から確認されるからです。もし、不安定なら控え壁などの補強、最悪はつくり直しとなり、多大な費用が必要になることがあります。

　2）接道幅員では、道路に接する敷地の幅と道路の幅員を簡易計測します。それは建築基準法上で幅員4mの道路に2m以上敷地が接していないと建物が建てられないとされているためです。

　もし、簡易計測をして建築基準法上の建築規定を満たしていないことがわかったならば、土地家屋調査士に測量を依頼し、接道や道路幅が建築基準法を満たしていないかを精査する必要があります。

　また、道路幅は建築の大きさに影響します。道路幅の大きさによって容積率を制限する道路幅員制限という建築基準法の条項があるからです。特に商業地域や工業地域といった高い容積率のエリアでは、道路幅が狭いと容積率を使いきれないことがあるので、注意が必要です。

　3）近隣関係では、越境物の長さを見ます。

　4）建物歪みは、床から天井までの高さを2点以上測り、その差の有無で歪みの存在をおおよそ把握できます。

「日本住宅性能表示基準」（平成18年国土交通省告示1129号）では床の傾きは6/1000未満としており、それ以上は問題があるものとしてい

ます（特定劣化事象と言います）。

　そこで2点間の床から天井までの高さとその間の距離を測り、6/1000以上の傾きが認められるのであれば問題があると考え、建築士やホームインスペクターといった専門家へ依頼して、建物の安全性の精査を検討するべきです。

●メジャー2点間計測

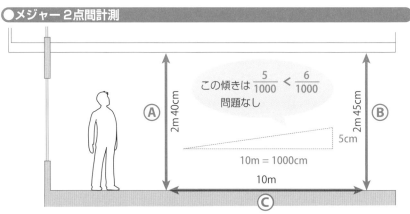

この傾きは $\frac{5}{1000} < \frac{6}{1000}$ 問題なし

Ⓐ 2m40cm　Ⓑ 2m45cm　5cm　10m = 1000cm　10m　Ⓒ

★Ⓐ、Ⓑと2点間を計測し、さらにその間Ⓒを計測すれば建物の傾きがおおよそわかる。

●1点だけの計測では情報が不正確

　簡易計測は最低限2点（間）以上、できる限り複数点での計測をするようにします。数値はその平均値を採用します。

　1点だけの計測だと、測定値と実際値とに誤差が大きく出ます。それを補正する意味合いで、2点（間）以上の簡易計測が必要です。

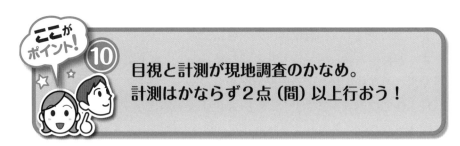

ここが
ポイント！⑩

目視と計測が現地調査のかなめ。
計測はかならず2点（間）以上行おう！

法務局と役所は
情報の宝庫

：「あれっ！　どうしたの、そんなカッコウをして。どこかに遊びに行くつもり？　それにそのメガネ、インテリっぽく見せようとしているのかもしれないけど、似合ってないよ」

：「100％仕事モードです！　これから法務局と市役所に調査に行くので、少しは立派に見せようと思って」

：「立派に見せてどうするのよ。そんなことより、市役所ではちゃんと要点を押さえて質問しないと、望んでいるような答えは返ってこないわよ。あんた、わかってんの？」

：「もちろん、わかってますよ。市役所で聞くのは、お客さんが希望する家が建てられるかどうかで、何課でどのように尋ねるかまで、事前に準備してあります」

：「今回は段取りがいいのね。ようやく仕事に身が入るようになった？」

：「僕は常に仕事モード全開ですよ。僕から仕事を取ったら何が残るっていうんですか？」

：「いろいろと残りそうだけど、変なモノばかりが（笑）。まぁいいわ。ところで、A君は登記事項証明書を読めるの？」

：「もちろん読めますよ。表題部で面積とか不動産の概要を、甲

区で所有者が誰かを、乙区で抵当権とかの債務状況を見るんですよね。権利関係と財務力を確認するのが目的です」

：「正解！　それと共同担保目録も申請書にチェックして取っておくのよ」

：「そう言えば、先輩って法務局と市役所の調査が好きですよね。いつもイキイキと話してるし。どうしてですか？」

：「それほどでもないけどね……。不動産って見ただけでは本当の姿はよくわからないじゃない。でも、法務局や市役所で調べると、どんな建物が建てられるのかとか、いくらまでお金を借りられるのかっていう、その不動産本来の価値や可能性がわかるわよね。そのあたりを考えていく道のりが、プロの仕事という感じで好きなの」

：「それ、僕も同感です。お客さんに調査結果を説明するときに、これってプロの仕事だよなって感じますもん」

：「そうだ！　さっきは忘れていたけど、書類をとったら現地の状況と整合しているかどうか、よく確認すること。少しでも合わない点があったら、現地に行って念押しして確認を取ることが大事だからね。ちゃんと現地にも行くのよ」

：「いや……、今日は現地に行くのはちょっと。今晩、合コンがありまして、時間がちょっとなくて」

：「どうりでカッコウつけてると思ったわよ（笑）」

1 法務局で調査するのは「権利関係」と「財務力」

●地番と住所はなぜ違うのだろう

　私が不動産業界に入って最初に驚いたのは、１つの不動産に地番と住所と表示方法が２つあるということでした。てっきり地番は住所と同じだと勝手に解釈していたからです。

　もともとは地番を住所として使っていたようです。ただ、役所の利便性から地番だと場所を特定しづらいということで、地番と別の番号を与えて生まれたのが住所のようです。地番は法務局が定めた住所で、住所は役所が定めた住所、つまり「司法と行政で管轄する番号の違い」なのです。

　地番は筆（不動産の単位）ごとに番号が異なるので、１つの住所の中に複数の筆があることで地番がいくつもあることがあります。そのため原則として住所と地番は異なるのですが、昔の名残か郊外や地方の場合は同一のこともあります。この辺がややこしいところです。

　さて、この２つの表示方法があるということは法務局、役所でそれぞれ不動産の情報を別に管理をしていることになり、この２つをメインに調査をしなければならないことを意味します。

　したがって、現地調査を終えたら法務局、役所で調査をしていくことになるのです。

●法務局と役所における調査方法の違い

　法務局、役所どちらも不動産情報の宝庫といえますが、似ている点と

違う点があるので、まずはそれを説明しましょう。

　似ている点は、調査した結果が必ずしも現実を正しく反映しているとは限らないということです。法務局や役所でも間違えたり、現状への変化に追い付いていないことがあります。

　私も法務局で取得した建物図面が違う建物の図面だったり、役所では存在しないと言われた下水道管が、再調査によって別な図面で確認できたことがあります。

　公的機関だからといって、取得した書類やヒアリング結果を鵜呑みにするのではなく、正しいのかどうか必ず自分の目で確認するようにします。

　一方、違う点もあります。それは「聞き方で答えが変わるかどうか」という点です。法務局では聞き方で調査結果が変わるということはありませんが、役所では聞き方次第で答えが変わることがあります。

　理由としては、法務局は不動産の権利関係を管理するところであり、運用や解釈する余地が少ないのに対して、役所は不動産に関する法律を実務に合わせて運用するところだからです。特に建築基準法については現場の運用上の解釈に任せられている部分が多いです。

　たとえば、再建築ができないという結果に対して、「ここの私道の所有者に使用許可をいただいたら再建築はできますか」と聞くと「そうであれば建築審査会の同意を得れば再建築はできますね」という答えが返ってくる場合があります。

　したがって、再建築ができないからと言ってそのまま鵜呑みにしないことです。聞く人の知識や尋ね方で答えが変わるのが役所です。プロと素人で差が出てくるのが、役所調査ともいえます。

●「権利関係」と「財務力」を書類で確認する

　それでは、まず法務局の調査についてです。法務局の調査では「権利

●土地の登記事項証明書の見方

東京都■■市■■■丁目■■■－■
登記事項全部証明書　　　（土地）

表　題　部	（土地の表示）	調製	平成12年5月25日	不動産番号	0123000■■■■■■

●昭和59年から62年まで分筆合筆をくり返していることがわかる

地図番号	余 白		筆界特定	余 白

所　在	■■市■■■丁目

●下線は削除の意味

① 地　番	② 地　目	③ 地　積　㎡	原因及びその日付〔登記の日付〕
1312番	田	307	余 白
余 白	宅地	307 43	②③昭和59年6月10日地目変更〔昭和59年9月3日〕
	余 白	4683 65	③1313番、1314番、1315番1、1315番2、1316番ないし1328番を合筆〔昭和60年4月24日〕
	余 白	5563 38	③1285番15ないし同番18、同番25、1305番3、1308番1、1308番1、1311番1、同番4、1312番2を合筆〔昭和62年11月24日〕
1312番1	余 白	1541 65	①③1312番1、1312番3ないし同番21に分筆〔昭和62年12月4日〕
余 白	余 白	2079 84	③錯誤〔昭和62年12月16日〕
余 白	余 白	余 白	昭和63年法務省令第37号附則第2条第2項の規定により移記平成12年5月25日

●今は宅地でも元々は田んぼであったことがわかる

●元々の土地を3つに分筆していることがわかる。他の筆の測量図等を取ることでその不動産を深く理解できる

●面積を確認する

●甲区＝権利関係

●平成17年8月に売買で取得したことがわかる

権　利　部　（甲区）	（所　有　権　に　関　す　る　事　項）		
順位番号	登　記　の　目　的	受付年月日・受付番号	権　利　者　そ　の　他　の　事　項
473	■■■■持分全部移転	平成17年8月9日第■■■■号	原因　平成17年8月9日売買共有者　■■市■■■丁目■番■号　持分422分の1　■ ■ ■ ■

●乙区＝財務力

●所有者がわかる

権　利　部　（乙区）	（所　有　権　以　外　の　権　利　に　関　す　る　事　項）		
順位番号	登　記　の　目　的	受付年月日・受付番号	権　利　者　そ　の　他　の　事　項
1299	■■■■持分抵当権設定	平成17年8月9日第■■■■号	原因　平成17年7月28日保証委託契約による求償債権平成17年8月9日設定債権額　金2,500万円損害金　年14％（年365日割計算）債務者　■■市■■■丁目■番■号　■ ■ ■ ■抵当権者　■■■■■■■■■■■■■■■■■■■■■■■株式会社共同担保　目録(ロ)第9140号

●家を担保に2500万円の住宅ローンを組んでいることがわかる

●この土地のほかに住宅ローンの担保となる不動産がある

＊　下線のあるものは抹消事項であることを示す。

整理番号　K64781　（3/4）　　1/2

58

東京都■■市■■■丁目■■■■－■■

登記事項全部証明書　　　　　（建物）

| 表　題　部 | （主である建物の表示） | 調製 | 平成12年5月25日 | 不動産番号 | 0123000■■■■■■■ |

●不動産の概要（利用方法、構造、面積、築年数）がわかる

| 所在図番号 | 余白 |

| 所　在 | ■■市■■■丁目　■■■ | ■■■ |

| 家屋番号 | 1447番18 | 余白 |

① 種　類	② 構　造	③ 床 面 積　㎡	原因及びその日付〔登記の日付〕
居宅	木造スレート葺2階建	1階　　61：19 2階　　48：43	平成10年2月13日新築

| 権 利 部 （ 甲 区 ） | （所 有 権 に 関 す る 事 項） |

順位番号	登 記 の 目 的	受付年月日・受付番号	権 利 者 そ の 他 の 事 項
1	所有権保存	昭和28年7月20日 第■■■■■号	所有者　■■区■■■一丁目■番■号 ■ ■ ■ ■ ■ ■ ■ 順位1番の登記を移記
2	条件付所有権移転仮登記	平成25年4月12日 第■■■■号	原因　平成25年4月12日売買（条件　売買代金完済） 権利者　■■■■■■■■丁目■番■号 ■■■■■号 ■ ■ ■ ■

●甲区＝権利関係

●甲区に仮登記や差押など所有権以外の登記があるときは、その登記が外れないと、取引による所有権移転登記ができないことに注意します

●登記事項証明書の受付番号と権利証の受付番号が一致するかに注意する

| 権 利 部 （ 乙 区 ） | （所 有 権 以 外 の 権 ） |

順位番号	登 記 の 目 的	受付年月日・受付番号	権 利 者 そ の 他 の 事 項
3	抵当権設定	平成17年8月9日 第■■■■号	原因　平成17年7月28日保証委託契約による求償債権平成17年8月9日設定 債権額　金2,500万円 損害金　年14%（年365日日割計算） 債務者　■■市■■丁目■番■号 ■ ■ ■ ■ 抵当権者　■■■■■■■■■■■■■ ■■■■■■■■■■株式会社 共同担保　目録(物)第9140号

●乙区＝財務力

●共同担保目録には融資を受けている金融機関へ担保を提供している筆のすべてが明記される。私たちもこのすべての筆を調査する

| 共 同 担 保 目 録 |

| 記号及び番号 | (物)■■■■■■号 | | 調製 | 平成17年8月9日 |

番　号	担保の目的である権利の表示	順位番号	予　　　備
1	■■市■■■丁目　■■■■番■の土地	3	余白
2	■■市■■■丁目　■■■■番■の土地 ■■■■■■持分	1299	余白

●職印があると証明書として利用できる

これは登記記録に記録されている現に効力を有する事項の全部を証明した書面である。
（東京法務局■■■■■■■■■■）
令和 3 年6月28日
東京法務局■■■■■■　　　　　　登記官　　　　　　■　■　■

＊　下線のあるものは抹消事項であることを示す。　　　　整理番号　K64781　（ 4／4 ）　　1／1

関係」と「財務力」の２つを把握するのが目的です。それぞれ登記事項証明書では「甲区」「乙区」と表示がなされていますが、その実態は「甲区」＝「権利関係」、「乙区」＝「財務力」です。

　権利関係の調査では誰が登記上の所有者かを把握します。原則、登記上の所有者の署名捺印がないと、不動産の売買などができないからです。

　同時に登記上の所有者以外にも決定権者がいないかを確認します。具体的には仮登記権者、差押権者、抵当権者などがそれにあたります。

　これらの権利者は、所有者の権利を行使することを阻止できる立場にあります。権利者と所有者との関係、またどうしたら仮登記などを外してもらえるのか、確認しておく必要があります。

　財務力の調査では調査対象の不動産でどの程度借入れがなされているかを見ることです。具体的には住宅ローンでは抵当権、法人関連のローンでは根抵当権という表記になっています。

　この点を見ることで所有者の家計、会社の経理状態が見えてきます。不動産の時価よりも多額の借入れがあると考えられる場合は資金繰りが苦しいかもしれない、全く抵当権などが付いていない場合は余力があることがわかります。

●真の所有者、決定権者は誰なのか？

　登記で一番わかりにくい事柄として、甲区に記載されている方が真の所有者ではない、もしくは処分等を決定できる方ではないということが挙げられます。したがって、所有者が本当に甲区に記載されている方で良いのかどうかを、当事者へのヒアリング、現地調査で得られた情報から判断することが必要です。

　真の所有者、決定権者が他にいるケースは次の３点です。

　１点目は、必ずしも所有権は登記することが義務となっていないため、

登記をしていなくとも所有者であるというケースがあります。

　所有者は亡くなっていて、相続人がまだ登記をしていない状態のときなどです。

　２点目は、宅建の試験でお馴染みですが、民法では他人の不動産を売買する契約（他人物売買と言います）を認めています。

　たとえばＡの登記がなされている不動産甲でも、購入の売買契約を締結しているＢは引き渡しを受けず、かつ移転登記せずとも第三者Ｃに売ることが可能です。

　つまり、完全に自分の不動産にせずとも自分の不動産として売買できるのです。実務では買い取り再販や、開発の場面でよく出てきます。この他人物売買が関係していると真の所有者は甲区記載の方ではなくなります。

　３点目は、所有者が認知症などで後見人がいるケースです。契約当事者として不動産の処分等の意思判断ができないため、成年後見人や裁判所が処分等を決定できる決定権者となります。

　不動産取引は数千万円、数億円という大金が動くことがあります。そのため、この仕組みを利用した詐欺などの悪事も多くあります。登記上の所有者だからと安易に考えて対応していると、深い落とし穴にはまることも考えられます。

　もし何か不自然さを感じるようでしたら、その理由を徹底的に調べなければなりません。深くて大きな落とし穴にはまってからでは遅いのです。

●登記は公信力と対抗力を理解する

　真の所有者、決定権者の問題は不動産登記の性質に深く関わっています。不動産の登記の性質には「公信力がない」と「対抗力がある」という2つがあります。

　登記を信用して取引をしても権利は守られない。これが登記には「公信力がない」ということです。簡単に言い換えると「あなた方が登記を信じて取引をして、万一所有者が違って損を生じても責任は取りませんからね。あなた自身で責任を取ってね」ということです。いい加減だなと思いますが、そのようなルールで動いています。

　では、登記をするメリットとは何でしょうか。登記をしておけば権利が守られる。これに尽きます。第三者が権利を主張しても、登記をしている方の権利が優先的に守られるのです。これが「対抗力がある」ということです。

　私たちが実務上で注意をするのは、前者の「公信力がない」という点です。詐欺グループが登記済権利証などの書類を偽造し登記上の名義を変えた上で、第三者に売却することで売買代金を巻き上げた詐欺事件もあります。この場合も登記をした法務局には何らの責任も生じませんでした。

　このようなことがあるので、当事者へのヒアリングや現地調査で登記情報と食い違いがないかどうかを確認していくことが必要です。

①　役所の言うことや、登記内容の盲信は禁物。かならず自分の目と耳と頭を信じて確認する！

2 法務局で必ず手に入れるべき 4つの書類とは

●住宅地図を持参する

さて、ここまで理解できれば法務局（出張所）での調査に入ります。対象不動産を管轄する法務局をネットで調べた上で、地番と家屋番号を調べるために「住宅地図」「住所所在地と所有者名のメモ」を持参して行きます。なお、事前に地番等を把握しているならこれらは不要です。

●交付申請窓口と印紙売り場を往復する

法務局には 1）ブルーマップ（住居表示地番対照住宅地図）もしくはマンション簿閲覧所、2）申請書記入所、3）証明書発行請求機、4）交付窓口、5）印紙売り場、6）閲覧室、7）相談窓口の 7 カ所があります。

●各所の役割

1	ブルーマップ等閲覧所	地番を調べる場所です。地番が青字で書かれている住宅地図が置いてあります。最近は徐々に地番検索ができる機械に取って変わられています。なお、マンション簿はその法務局管轄のマンションの家屋番号が確認できる簿冊です。
2	申請書記入所	登記事項証明書や公図などの交付や閲覧をする申請書の記入場所です。
3	証明書発行請求機	地番や家屋番号を入力すれば登記事項証明書等の発行請求（申請書の記入を省略できます）ができる機械です。
4	交付窓口	登記事項証明書や公図などの申請受付や交付を受ける窓口です。
5	印紙売り場	印紙が売られている場所です。
6	閲覧室	旧紙公図などを閲覧する部屋です。
7	相談窓口	登記に関する相談窓口です。

下に、ある法務局の略図を描いてみました。

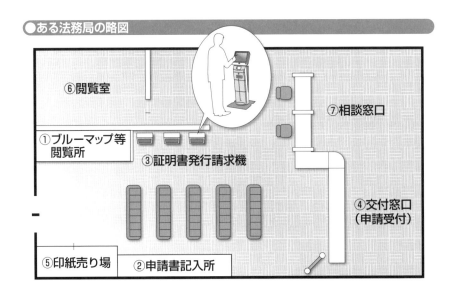

●ある法務局の略図

　順序としては、1）ブルーマップ等閲覧所 →2）申請書記入所 、もしくは3）証明書発行請求機→4）交付窓口 →5）印紙売り場という流れで動きます。登記事項証明書を見て何か気になる点があるなら6）閲覧室、7）相談窓口に足を運びます。

●地番を調べるのが最初

　最初の調査は地番と家屋番号を調べることです。ただし、当事者へのヒアリングの際に、登記済権利証や固定資産税納税通知書で確認をしていれば、飛ばしてください。また、法務局に電話をして住所と所有者名を伝えれば教えてくれることもあります。このように事前に準備しておけば調べなくても構いません。

　マンション以外の戸建などの動産については、1）ブルーマップ等閲覧所でブルーマップを閲覧し地番を探します。読み方は、黒字で記載さ

れている数字が住居表示で、青字で記載されている町丁以下の枝番の数字が地番です。持参した対象不動産の住宅地図などと照らし合わせながら地番を調べていきます。対象不動産が複数の筆で構成されていると、地番も複数で書かれていることがあります。それらをすべて書き留めておきます。なお、家屋番号はわかりませんので、後ほど申請書の家屋番号の欄には所有者名を書くことで対応します。

最近では、ブルーマップを住居表示の入力で表示する検索機械を備え付けた法務局の出張所も多くなってきました。なかなか便利です。

マンション簿は、マンション名から検索して対象不動産の部屋番号を確認すると、家屋番号がわかるようになっている薄冊です。

●ブルーマップ（イメージ）

公図界
用途地域名
容積率
建ぺい率
用途地域界
地番
公図番号

©2013　ZENRIN CO.,LTD.(Z13LL第036号)

●マンション簿

◀外見

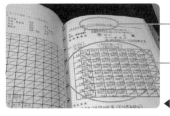

マンション名を明示しています

マンションの部屋ごとの家屋番号です

◀中身

●簡易調査や資料取得ならネットでも

　効率よく法務局、役所を調査できるよう、先にネットで簡易調査や資料取得をしておくのも手です。

■法務局関連

１）登記情報提供サービス

　　現在の登記情報が取得できます。ただし、登記情報なので、印刷しても証明書代わりにはできません。利用には登録が必要です。

　　　https://www1.touki.or.jp/gateway.html

２）登記・供託オンライン申請システム

　　登記事項証明書や公図、地積測量図、建物図面を法務局からの郵送により取得できます。利用には登録が必要です。

　　　https://www.touki-kyoutaku-online.moj.go.jp/

■役所・その他関連 ※役所により名称は異なります

１）行政地図情報提供システム

　　用途地域などの都市計画法や道路情報、災害ハザードマップなどを確認できます。

　　役所により、名称や調査できる範囲はかなり異なり、道路の建築基準法の取り扱いが調査できるシステムもあります。

２）上・下水道の情報提供システム

　　上・下水道の埋設管の情報を取得できます。利用には登録が必要な場合が多いです。

３）ガス埋設管の情報提供システム

　　ガスの埋設管の情報を取得できます。利用には登録が必要です。

　他にもさまざまな情報をネットで調査したり、書類を取得することが

できます。ただし、原則職印や公印がある書類しか調査をした証拠（証明書）にならないものがほとんどで、登記・供託オンライン申請システムで取り寄せた場合以外は、法務局や役所で取得した書類を利用しましょう。

●必ず4点セットを取得する

さて、地番と家屋番号がわかったら、交付請求書（申請書）に記入、もしくは証明書発行請求機で申請して、各書面を取得していきます。

書面は次ページ表の9種類ほどありますが、一度にすべてではなく、最初は1）登記事項証明書（登記簿謄本）から4）建物図面までの4点を取得します。その上でさらなる調査が必要と感じたら5）隣地の要約書から9）閉鎖公図までを取得・閲覧していくようにします。

必ずしもすべての書類を取得せずとも問題ありませんが、少しでも関係する書面は取得、閲覧して写しておくようにしましょう。

●共同担保目録も請求する

登記事項証明書と登記事項要約書の交付請求書の書き方について説明しましょう。

交付請求書には4つの地番、家屋番号の筆を請求できるように区分けされていますが、必要であれば枠にとらわれず、5つでも6つでも書けるだけ書いて構いません。対象不動産を特定することが肝心です（69ページ参照）。

それと、中段にある共同担保目録の請求については、原則「□現に効力を有するもの」にチェックをして請求します。共同担保とは、1つの抵当権設定（借入れ）の契約で複数の不動産を一括りにしている状態を表しています。借入れがある場合、共同担保を見ることで、対象不動産

1	登記事項証明書 （登記簿謄本）	権利関係、財務力を表す書面。 土地と建物の証明書は必ず取得する。他に隣接地で地番がある前面道路、水路、河川、マンションなら関係する施設（駐車場、倉庫）や規約共用部分も取得します。 登記事項証明書はコンピュータ処理したものを印刷したもので、登記簿謄本は登記事項が記載された用紙を複写したもので、意味合いは同じです。
2	公　図	土地の位置や形状を表す図面。 公図は地図に準ずる図面と言いますが、長さや大きさ、方位、角度はあまり信用できません。一方で、地図と表記されていれば国土調査の図面であり、そちらは一定の信頼度があります。
3	地積測量図	土地の面積と範囲を表す図面。 土地の登記事項証明書における面積の算出根拠となった測量図のことです。昭和40年以前に登記された土地には存在していないことが多いです。
4	建物図面 （各階平面図）	建物の面積と範囲を表す図面。 建物の登記事項証明書における面積の算出根拠となった図面のことです。現況と建物の大きさ、方位の違いを確認します。

5	隣地の要約書	所有者の住所氏名を表す書面。 原則、隣地が法人所有なら要約書はすべて取得します。 ※登記事項証明書で取得することもあります。 一方で個人所有で住宅利用なら取得しないことが多いです。
6	法人の 登記事項証明書	法人の代表者や事業内容を表す書面。 隣地の所有者が法人であり、事業内容が不明もしくは詳細な内容を知りたい場合は、土地利用を判断する意味で取得します。
7	閉鎖 登記簿謄本	地番がなくなった土地、解体して家屋番号がなくなった建物の過去20～50年間の登記簿謄本。 地歴や建物概要などの過去の状況や、所有者の変遷を知りたい場合は取得します。
8	閉鎖した 建物図面	解体して家屋番号がなくなった建物図面。 建物に地階があった場合に、その位置を確認する意味で取得します。
9	閉鎖公図	コンピュータ化されて閉鎖された公図。 明治時代から存在するので地歴の確認や、公図に地番が振られていないなど間違いが疑われる場合に閲覧します。

●登記事項証明書請求書の書き方

●登記事項証明書とは、登記事務をコンピュータ処理している法務局が、登記事項を用紙に印刷したもの。登記簿謄本とは、登記事務をコンピュータ化していない法務局が、登記事項が記載された用紙を複写したもの。意味としてはほぼ同じ。なお、登記簿謄本は登記事項の全部を証明したもの。登記簿抄本とは登記事項の一部を証明したものである。

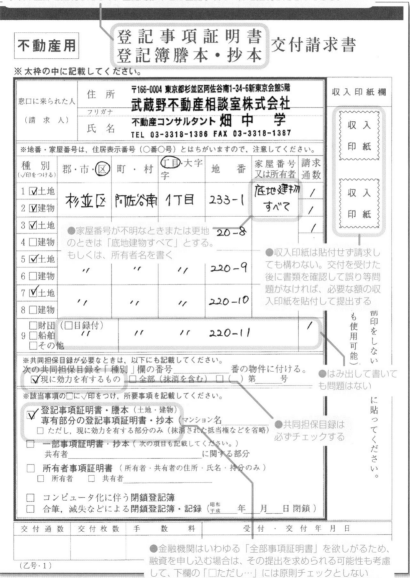

不動産用

登記事項証明書
登記簿謄本・抄本 交付請求書

※太枠の中に記載してください。

窓口に来られた人（請求人）	住所	〒166-0004 東京都杉並区阿佐谷南1-34-6新東京会館5階 **武蔵野不動産相談室株式会社**	収入印紙欄
	フリガナ 氏名	不動産コンサルタント **畑 中　学** TEL 03-3318-1386 FAX 03-3318-1387	収入 印紙

※地番・家屋番号は、住居表示番号（○番○号）とはちがいますので、注意してください。

種別 (✓印をつける)	郡・市・区	町・村	丁目・大字 字	地番	家屋番号 又は所有者	請求 通数
1 ☑土地	杉並区	阿佐谷南	1丁目	233-1	底地建物 すべて	1
2 ☑建物						1
3 ☑土地				20-8		1
4 □建物						
5 ☑土地	〃	〃	〃	220-9		
6 □建物						
7 ☑土地	〃	〃	〃	220-10		
8 □建物	〃	〃	〃			
9 □財団（□目録付） □船舶 □その他		〃	〃	220-11		1

●家屋番号が不明なときまたは更地のときは「底地建物すべて」とする。もしくは、所有者名を書く

●収入印紙は貼付せず請求しても構わない。交付を受けた後に書類を確認して誤り等問題がなければ、必要な額の収入印紙を貼付して提出する

※共同担保目録が必要なときは、以下にも記載してください。
次の共同担保目録を「種別」欄の番号　　　　番の物件に付ける。
☑現に効力を有するもの　□全部（抹消を含む）　□（　）第　　号

●はみ出して書いても問題はない

●割印をしない（も使用可能）に貼ってください。

※該当事項の□に✓印をつけ、所要事項を記載してください。

✓ 登記事項証明書・謄本（土地・建物）
　専有部分の登記事項証明書・抄本（マンション名　　　　）
　□ ただし、現に効力を有する部分のみ（抹消された抵当権などを省略）

□ 一部事項証明書・抄本（次の項目も記載してください。）
　共有者　　　　　　　　　　に関する部分

□ 所有者事項証明書（所有者・共有者の住所・氏名・持分のみ）
　□ 所有者　　□ 共有者

□ コンピュータ化に伴う閉鎖登記簿
□ 合筆，滅失などによる閉鎖登記簿・記録（昭和・平成　　年　月　日閉鎖）

●共同担保目録は必ずチェックする

交付通数	交付枚数	手数料	受付・交付年月日

(乙号・1)

●金融機関はいわゆる「全部事項証明書」を欲しがるため、融資を申し込む場合は、その提出を求められる可能性も考慮して、下欄の「□ただし…」には原則チェックとしない

に関係する筆をすべて把握できます。共同担保目録は必須です。

　また更地の場合、土地の登記事項証明書の請求と一緒に家屋番号の欄に「底地建物すべて」と書いて申請します。

　なぜ、こんなことをするかと言いますと、建物を解体し更地とする過程で、滅失登記（登記を消す登記）をし忘れてしまい、土地上に建物の登記を残置しているかどうかを確認するためです。万一、建物の登記が残っていて土地のみの取引をした場合、後日建物の登記権利者から権利主張をされたり、新たに建物が建てられないなどのトラブルになることも考えられます。必ず確認します。

　なお、建物登記が存在していなければ「底地に登記なし」と交付請求書に書かれて返されてきます。この書類は調査結果として利用します。

　この「底地建物すべて」を交付請求書に書き込む調査手法は、不動産エクスローの先駆者である津村重行氏の著作が私の初見ですが、不動産調査を専門とする方たちもこの手法を採用していますので、今では基本原則となった感があります。

●公図・地積測量図・建物図面の請求

　公図・地積測量図等の請求書の書き方は次の通りです。

　請求の段階では特別注意する点はありません。ただし、地積測量図は請求しても交付されない（存在しない）場合があります。土地の登記が古すぎて備え付けされていない、もしくは分筆、合筆によって所在や地番が変更されて見当たらなくなっている可能性が考えられます。

　なお、分筆とは一筆（宅地や山林など、土地の１つの区画）の土地を二筆以上に法的に分割し、登記上独立した財産とすること、合筆とは隣接する二筆以上の土地を一筆の土地に法的にまとめ、登記上１つとすること、を意味します。

地図・各種図面用	地 図 の 証明書 請求書
	地積測量図等 の 閲 覧

※太枠の中に記載してください。

窓口に来られた人 （請 求 人）	住所	〒166-0004 東京都杉並区阿佐谷南1-34-6新東京会館5階 **武蔵野不動産相談室株式会社**	収入印紙欄
	フリガナ 氏名	不動産コンサルタント **畑 中 　学** TEL **03-3318-1386** FAX **03-3318-1387**	

●家屋番号が不明なときは、所有者名などで家屋を特定する

※地番・家屋番号は、住居表示番号（○番○号）とはちがいますので、注意してください。

種別 (✓印をつける)	郡・市・区 (区)	町・村	丁目・大字 字	地 番	家屋番号	請求 通数
1 ☑土地	杉並区	阿佐谷南	1丁目	233-1	所有者 各1	
2 ☑建物					東京太郎 計3枚	
3 □土地		※ もし.233-1に地積測量図が				
4 □建物		なければ下記をお願いいたします.				
5 ☑土地	〃	〃	〃	233-2		1
6 □建物						
7 ☑土地	〃	〃				
8 □建物						
9 □土地						
10 □建物						

●対象不動産に地積測量図がない場合は、隣接地の地積測量図を請求し取得する

（どちらかに✓印をつけてください。）
☑ 証 明 書 　□ 閲 覧

※該当事項の□に✓印をつけ、所要事項を記載してください。
☑ 地図・地図に準ずる図面(公図) （地図番号：＿＿＿＿＿＿＿）
☑ 地積測量図・土地所在図
　☑ 最新のもの □ 昭和/平成＿＿年＿＿月＿＿日登記したもの
☑ 建物図面・各階平面図
　☑ 最新のもの □ 昭和/平成＿＿年＿＿月＿＿日登記したもの
□ その他の図面 （＿＿＿＿＿＿＿＿＿＿＿）

□ 閉鎖した地図・地図に準ずる図面 （公図）
□ 閉鎖した地積測量図・土地所在図（昭和/平成＿＿年＿＿月＿＿日閉鎖）
□ 閉鎖した建物図面・各階平面図（昭和/平成＿＿年＿月＿＿日閉鎖）

収入印紙は割印をしないでここに貼ってください。（登記印紙も使用可能）

交付通数	交付枚数	手 数 料	受付・交付年月日

（乙号・4）

　こうしたケースでは、1）登記事項証明書を見て過去の所在地番が記載されていれば、その地番で再請求する、2）同じく閉鎖登記簿謄本を見て過去の所在地番で再請求する、3）隣地の地積測量図を請求する、この3つの再請求をしてみます。これで対象不動産に関連する地積測量図が見つかる場合があります。

　これで一通り書類の取得ができました。発行された書類に間違いがないかを確認してから、必要な分に応じて申請書に印紙を貼付し、窓口に提出すれば終了です。

ここがポイント！②

まずはありったけの書類を取ることが法務局での仕事。ひとつも見逃さないように！

3 登記事項証明書、公図、地積測量図、建物図面の読み解き方

● 法務局ですべきことはすべて行う

取得した登記事項証明書などの書類を、邪魔にならないようにカウンターから長椅子に移動して確認します。内容の確認をしてわからない点がある場合は、再度、他の登記事項証明書を取るなど深い調査を行います。法務局の調査を1回で終わらせるためにも、可能な限り、その場で確認をして不明な点を明確にしておきましょう。

ここで確認すべき書類の内容は以下の点です。

●法務局内で確認すべき登記事項証明書の内容

🔍……法務局内で確認が必要な項目

★ 表題部の確認事項 ★	
1 🔍 所在・地番・家屋番号	・土地の場合はその変遷を見るのが重要です。注意点は「地目」「合筆分筆による地番の変更」です。過去の地番を当たることで、地歴の変遷（例：田んぼだった等）や昔の測量図を見つけることができます。 ・家屋番号で〇〇ー2など枝番が付いている場合は、〇〇ー1など他の枝番の登記事項証明書を取得しておくと同じ敷地で過去に建てた建物の内容がわかります。
2 🔍 地図番号・筆界特定	通常は余白という記載です。まれに筆界特定ありの場合がありますので、その場合は筆界特定の書類を取得します。
3 🔍 地積・床面積	土地と建物の面積です。地積測量図、建物図面に記載されている面積と一致するか確認します。
4 地目	地歴を確認できる項目ですが、登記事項証明書に書かれている以上のことは法務局ではわかりません。

▼

第2章 ● 法務局と役所は情報の宝庫

73

5	原因及び その日付	土地は分筆や合筆などの変遷が、建物は建築年が記載されています。登記事項証明書に書かれている以上のことは法務局ではわかりません。
6	種類・構造	種類はローンの商品（住宅ローン、事業ローン等）に、構造は融資期間や担保力に影響する項目です。
7	🔍敷地権たる表示	土地が敷地権のマンションのみあり、土地の持分が記載されています。敷地権化されていないときは、土地の登記事項証明書を取得し内容を確認します。

★ 甲区の確認事項 ★

8	🔍取得した原因	売買、贈与など取得した原因を記載している項目です。 売却時の税金に関係してきます。所有者へのヒアリングと照らし合わせますが、一致していない場合は、地番や家屋番号が間違っていないか確認します。
9	所有者の 住所氏名	所有者の住所氏名を記載している項目です。 登記上の住所氏名と、現在の住所氏名が一致しているかを確認します。
10	受付番号	登記済権利証等の受付番号と一致しているか確認します。

★ 乙区の確認事項 ★

11	順位番号	抵当権や地上権、地役権の優先度（順位）を示す項目です。
12	受付年月日・ 受付番号	賃貸借の対抗要件に絡む項目です。
13	🔍権利者 その他の事項	抵当権や地上権、地役権の内容を示す項目です。地役権の場合は対となる承役地の登記事項証明書を取得し内容を確認します。

★ 共同担保目録での確認事項 ★

14	🔍担保の目的である 権利の表示	乙区の債権がどの不動産を担保としているかを示しています。ここで示されている地番、家屋番号の登記事項証明書はすべて取得しておきます。

重要なポイントは「所有者名」「地番の変遷」「共同担保目録」の３つです。これらの内容を見て、深い調査が必要となれば再度、登記事項証明書や地積測量図などを請求していきます。

●公図は道路との関係を見る

　公図で見るところは１）隣地との位置関係と土地形状、２）前面道路との関係、この２点にあります。

　１）隣地との位置関係と土地形状は、現地調査と一致しているかを見ます。異なる場合はその理由を確認していきます。所有者の思い違いや、実はそこまでが敷地範囲だったなどの理由が考えられます。そのため、所有者へのヒアリングを再度行い、それでも異なる理由がわからない場合は、土地家屋調査士などの専門家を入れて敷地範囲と形状の把握が必要となります。

　２）前面道路との関係は、再び建築ができるかどうかに関係するため重要です。具体的には、①前面道路は公道か私道か、②公図上道路と敷地は接しているか、この２点に注意して公図を見ていきます。

　前面道路に地番が振られていない場合は、まず公道ですので除外します。地番が振ってある場合は、ひとまずその地番の登記事項証明書（要約書でも可）を取得する必要があります。

　所有者が国や都道府県、市区町村なら問題ありません。問題は個人名や企業名が出てきた場合です。そのときは道路としての使用許可や上下水道など、ライフラインを通すための掘削等の許可を取る必要がでてきます。総称して承諾書と呼びますが、これを取得する手続きが発生することになります。

　続いて、道路と敷地が公図上できちんとつながっているかも見ます。つながっていれば問題ありませんが、道路と敷地の間に他の筆があり、それが第三者所有地の場合はやや問題は複雑となります。接道義務（建

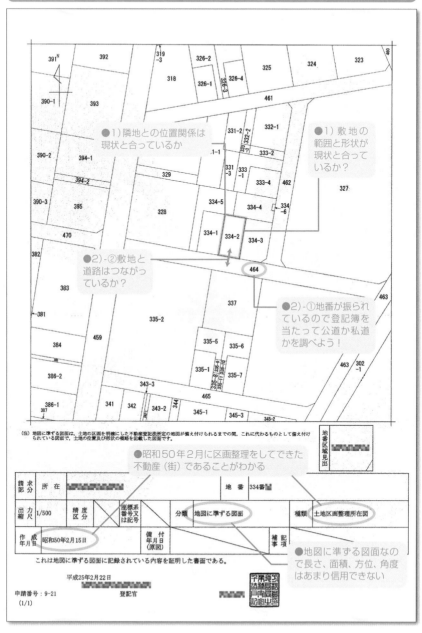

●1）隣地との位置関係は現状と合っているか

●1）敷地の範囲と形状が現状と合っているか？

●2)-②敷地と道路はつながっているか？

●2)-①地番が振られているので登記簿を当たって公道か私道かを調べよう！

(注) 地図に準ずる図面は、土地の区画を明確にした不動産登記法所定の地図が備え付けられるまでの間、これに代わるものとして備え付けられている図面で、土地の位置及び形状の概略を記載した図面です。

●昭和50年2月に区画整理をしてできた不動産（街）であることがわかる

請求部分	所在				地番		334番
出力縮尺	1/500	精度区分	座標系番号又は記号	分類	地図に準ずる図面	種類	土地区画整理所在図
作成年月日	昭和50年2月15日		備付年月日(原図)			補記事項	

これは地図に準ずる図面に記録されている内容を証明した書面である。

●地図に準ずる図面なので長さ、面積、方位、角度はあまり信用できない

平成25年2月22日

申請番号：9-21
(1/1)
登記官

物を建てる場合は道路と接していないといけない）を満たしていないため、そのままですと建物が建てられないからです。それを解消するには、第三者所有地を買い取るか、借りるなどで利用できる状態にすることが必要です。

　また、筆が小さく地番が記載できない場合は、公図の左上の欄外に対応地番が記載されています。「あれっ、地番が見当たらないな」と思ったら、まずは左上の欄外を確認して見てください。

●地積測量図と建物図面はいつ作成されたものか？

　今度は地積測量図と建物図面です。きちんと押さえておきたいのは、次の3点です。

　1）図面が存在しているか、2）図面はいつ作成されたのか、3）現地と合っているか。この3点です。

　まず図面の有無ですが、地積測量図は、近年合筆や分筆などで土地面積が変わった場合や、新たな分譲地である場合はほぼありますが、一方で昭和40年以前に取得された不動産に関しては、ほぼありません。その間はあったりなかったりします。

　その理由は昭和35年の不動産登記法の改正によって、はじめて地積測量図や建物図面が法務局に備え付けられるようになったからで、法務局によって1〜5年ほど体制を整えるのに時間がかかったからと言われています。地積測量図がない場合は、古い地番で請求をしてみると出てくることがあります。

　建物図面は昭和40年以降に建てられた建物ならまずあります。そこで計算された面積が、そのまま登記事項証明書の床面積になっています。

　なお、図面がない場合は、登記事項証明書に記載された面積について、何を根拠にした数字なのかをまずは疑ってかかることも必要です。

　地積測量図については、いつ作成されたのかも重要です。古いものになると、専門家が作成したといえども、昔と現代の測量精度の違いによ

り実際と異なることがあります。一般的に平成17年3月7日以降（平成16年不動産登記法改正）に作成されたものは復元性が高いので今でも利用できる可能性があります。

取引の1～2年前ならともかく数年前なら再度、土地家屋調査士に依頼して測量をし直した方が安心です。また、現地を見て面積や形状が合っていなければ、再度測量をやり直すようにしましょう。

実測面積が公簿面積より小さい場合を「縄ちぢみ」、実測面積が公簿面積より大きい場合を「縄のび」という言葉もあります。

●情報を整理して把握する

再調査も終え、法務局ですべての書類を取得し終わったら、一度書類を持ち帰ってからすべてに目を通します。その際に雑然と見ても何も見えてきません。自分の見方が身につくまでは先に挙げた「権利関係」と「財務力」という2つの視点で情報を整理して見ていくことで、その不動産が持つ属性を把握しておきます。

80ページに整理しておくポイントを挙げてみました。

●地積測量図の見方

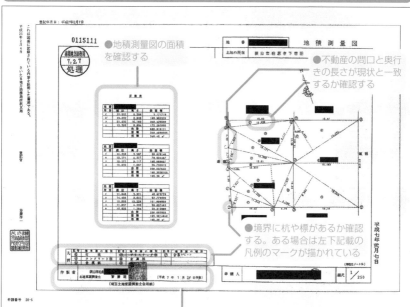

●地積測量図の面積を確認する

●不動産の間口と奥行きの長さが現状と一致するか確認する

●境界に杭や標があるか確認する。ある場合は左下記載の凡例のマークが描かれている

●建物図面の見方

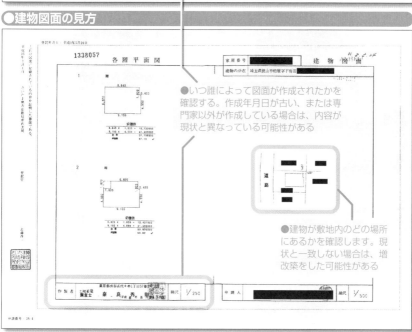

●いつ誰によって図面が作成されたかを確認する。作成年月日が古い、または専門家以外が作成している場合は、内容が現状と異なっている可能性がある

●建物が敷地内のどの場所にあるかを確認します。現状と一致しない場合は、増改築をした可能性がある

79

1) 権利関係

A	所有者は誰か	誰が所有者なのか、共有者がいるのか、成年後見人などの代理人とつながりがあるのかどうか
B	所有者の同意があるか	取引は所有者かそれを代理する人の同意が必要
C	所有権以外の解除有無	仮登記、差押えなどがある場合、解除できるかどうかを確認します。解除に際しては金銭などの対価が必要です

2) 財務力

D	抵当権の種類	抵当権か根抵当権か。住宅ローンは抵当権、それ以外は根抵当権という理解でひとまずは構いません。設定と抹消が繰り返されている場合は懐事情が苦しいケースが多いです。金融機関以外の抵当権設定がある場合は、扱いに要注意で、所有者に理由を詳細に聞くことが大事です
E	抵当権の債権額	実際の残高と債権額は違うので、ここでは目安を付けるだけに留め、残高は所有者に確認します。根抵当権の極度額は借入時の債権額の1.2倍ぐらいで目安を付けます
F	抵当権の債務者	所有者と債務者が同一か。違う場合は第三者の債務のために抵当権を設定しているので、債務者の属性、理由、支払状況など細かいヒアリングが重要です
G	抵当権を抹消できるか	取引の一番のポイント。売却価格より残高が多い場合、その差額を現金で補うことができるのかどうかの確認が必要です
H	いくら借り入れできるか	不動産の時価 − 債権額（残高）でこの不動産を担保にいくら借り入れできるのかを確認
I	地役権など抵当権以外	設定された背景をヒアリングすること。地役権の場合は使用料などが入ってくることがあるので、設定における受益権を確認する

●抵当権でわかってしまう懐の事情

3つの「T」のところ（34ページ以降参照）で述べましたが、登記事項証明書の乙区を見るだけで、所有者の懐事情が透けて見えてきます。

乙区に抵当権の設定がない所有者は、裕福だったり、金銭的な管理をしっかりしている方であると考えられます。抵当権の設定と抹消が交互に繰り返されている場合は、お金の出入りが激しいのと同じ意味ですので、家計が火の車である可能性があります。

また、所有者が会社経営者の場合によく見受けられるのが、個人名義の抵当権設定です。その個人が親族なら住宅ローンの補助としてとも考えられますが、知人友人などの全くの第三者の場合は、すでに金融機関に相手にされないほど会社経営が窮地に陥っている可能性があります。取引の際は手付金や内金を渡してしまうと戻らない可能性があることを想定しておきましょう。

ここがポイント！③ 書類を取りっぱなしにしないこと、
見て確認することで
より不動産のことがわかってくる！

第**②**章 ● 法務局と役所は情報の宝庫

4 役所調査の目的は「希望する利用」ができるのかどうか

●市区町村の役所で調査をする

　法務局での調査を終えたら、今度は役所での調査となります。

　役所調査は主に市区町村の役所で行います。ただし、調査内容や行政の管轄によっては都道府県庁舎やその土木建築事務所、国土交通省の地方整備局などに出向くこともありますので、効率の良い調査をするためには、調査場所を事前に下調べしてから行きましょう。

●希望する利用ができるのかどうか

　役所調査の目的は対象不動産におけるさまざまな法令上の制限と建築の可能性を探るところにありますが、主に依頼者にとって希望する「利用ができるのかどうか（建物が建てられるのか）」「環境であるのか」という2点の調査が焦点となります。あとは依頼者の目的に沿って調査をします。

●役所は受け身と心得る

　役所では調査する人の知識や経験で全く違う調査結果になります。

　その理由は役所で調査する建築基準法や都市計画法などの法律には、担当部署の運用者によって幅のある解釈をする余地が多く残されているからです。そのため調査をする人がどの程度、建築基準法などの法律を理解しているか、こちらがどのような聞き方をするかによって、回答が

変わってくることに留意します。

　また、役所の担当者は受け身で「聞かれないことには答えない」のが前提です。良い悪いの問題ではなくそういったものです。したがって、こちらが質問のポイントをつかんだ上で的確に質問をしないと、こちらの意図する明確な回答が返ってこないことがあります。ポイントをつかむためにも、一定の知識や経験を身につけていくことが求められます。

● 4つの必携書類を持参する

　役所調査には1）住宅地図、2）登記事項証明書・公図、3）委任状（媒介契約書）、4）記録用紙などの4点が必携です。また、役所によっては調査書類のコピーは不可だが書き写すならいいというところもあるため、トレーシングペーパー（透かして複写するための半透明紙）も持参した方がいい場合もあります。

　1）住宅地図は都市計画における用途地域、前面道路、上下水道、埋蔵文化財の確認などに用います。役所の方に見せることがありますので、事前に対象不動産をマーキングして、上欄に住居表示を記載しておくと窓口での担当者とのやり取りがスムーズに進みます。

　2）登記事項証明書・公図は建築計画概要書を取得する際に地番や建物の築年数を尋ねられるのでその確認のために用います。また、道路への接道が怪しいときは建築指導課の担当者と公図を見ながら話すことがあります。こちらも必携です。

　また、所有者から署名捺印をもらった3）委任状（媒介契約書）も必携です。評価証明書の取得や宅地内の上下水道の調査など個人情報に関連したことで所有者の同意が必要な場面で利用します。ただ、私自身もよくやってしまうのですが、持参し忘れることが多い書類ですので、調査＝委任状としっかり覚えておきましょう。

●情報の宝庫と心得る

　役所は情報の宝庫です。所有者自身が把握しているケースが多い「権利関係」と「財務力」を客観的に調べるだけの法務局とは違って、役所では所有者が知らない情報が眠っています。役所調査はその情報を得るのが目的と言えます。そこで、どこの担当部署でどういった調査をし、何の書類を取得すべきかを下表にまとめました。

●調査する担当部署と内容、聞き方と取得書類

主な担当部署	🔍……調査内容 ⚠……主な聞き方と注意して聞くこと 📄……取得書類
環　境　課	🔍 **土壌汚染の有無を調査** ⚠ 「土壌汚染の有無を教えて下さい」 📄 届出簿を書き写すことが多い
都市計画課	🔍 **用途地域や計画道路、地域地区計画、各種法令、条例の確認** ⚠ 「用途地域や地域地区計画、計画道路、都市施設の有無を教えてください。」 　■注意して聞くこと ①都市計画道路が敷地を通っているとき、近隣にあるとき、「計画決定ですか事業決定ですか、また名称と計画幅員を教えてください」 ①-1 計画決定の場合 　「計画決定期日はいつですか、番号は何番ですか、事業化決定の予定はありますか？」 ①-2 事業決定の場合 　「事業開始と完了予定日を教えてください」 ②都市計画道路が敷地と重なる場合 　※上記①〜①-2 の他に下記も加える 　「敷地にどの程度重なるか証明書は出ますか、もしくは証明書をいただくにはどういった方法がありますか」 　「建築する際の制限について教えてください」 ▼

都市計画課	③地域地区計画、その他都市計画法に絡む場合 「詳細な建築等の制限について教えてください」 ⚠️「もしわかれば都市計画法以外の法令や条例で該当するものがあれば教えてください」
	📄 都市計画図（用途地域図・都市施設図・計画道路図）を取得。 場合によっては都市計画道路線引図、各種法令条例の調査窓口一覧も取得
区画整理課	🔍 **区画整理事業（事業内容、精算金や賦課金）の確認** ⚠️「区画整理事業はありますか、あれば事業内容、精算金や賦課金について教えてください」
	📄 換地証明書・底地証明書・重ね図の取得
建築指導課	🔍 **建築基準法の該当有無（私道の調査）** 🔍 **建築確認と検査済証の確認**　　🔍 **擁壁や工作物の取り扱い** 🔍 **再建築や建築の制限に係る情報の確認** 🔍 **狭あい道路の協議**　　🔍 **自治体の条例を確認** ⚠️「この道路は建築基準法上の道路でしょうか」 ⚠️「建築確認番号と検査済番号を教えてください。建築計画概要書と台帳記載事項証明の写しをください」 ⚠️「建築を制限する条例や法律がありましたら教えてください」 　　■注意して聞くこと 　　①私道の幅員が4m未満で建築基準法第42条第2項道路（以下、42条2項道路）の場合 　　「私道の中心線はどこでしょうか、セットバック（90ページ参照）はどの程度すればいいでしょうか、狭あいの協議は必要でしょうか、またその方法を教えてください」 　　②私道が位置指定道路の場合 　　「指定番号と認定幅員を教えてください。また位置指定図面があれば写しをください」 　　③再建築ができない、できそうにない場合 　　「再建築ができますか？　どうすれば再建築ができるようになるでしょうか？」 　　④市街化調整区域にある不動産の場合 　　「この敷地での建築行為について教えてください」 　　⑤擁壁がある場合 　　「擁壁がある場合の建築等の制限を教えてください。また、その建築計画概要書と台帳記載事項証明書をください」
	📄 建築計画概要書（工作物・擁壁含む）、台帳記載事項証明書、位置指定道路図、道路中心線判定図、狭あい協議書の取得

▼

宅地開発課	🔍 開発許可、宅地造成許可、旧住宅地造成事業許可の確認
	⚠️ ■注意して聞くこと ①団地や一体的な開発エリア内にある不動産の場合 　「開発許可はありますか、宅地造成許可はありますか、旧住宅 　地造成事業許可はありますか」 →ある場合：「それらに関する図面（開発登録簿、土地利用計画 　図）をください」 ②隣地や周辺に大きな空地などがある場合 　「隣地や周辺に開発許可の記録があるか教えてください」
	📋 開発登録簿、土地利用計画図の取得
道　路　課	🔍 道路の種別（公道か否か）・番号、認定幅員の確認
	🔍 道路境界の確定の有無を確認
	⚠️ 「道路種別と路線番号、現況および認定の幅員、また道路境界の 査定の有無を教えてください」 ⚠️ 「道路台帳等の図面をください」
	📋 道路台帳図（現況平面図）、認定路線図、区域線図、道路境界図の取得
下 水 道 課	🔍 前面道路の下水道配管の有無、管径の長さの確認
	🔍 合流式か分流式かの確認　　　🔍 雨水の処理方式の確認
	🔍 下水道使用料金の発生有無
	⚠️ 「前面道路下の下水道管の有無と管径・土被り厚を教えてください。 また、下水道台帳図面をください」 ⚠️ 「分流式でしょうか、合流式でしょうか教えてください。 また、雨水の処理方法も教えてください」 　■注意して聞くこと 　「下水道の負担金はかかりますか、教えてください」 　「使用料金が発生していますか、教えてください」
	📋 下水道台帳図の取得
上 水 道 課	🔍 前面道路の上水道配管の有無、管径の長さの確認
	🔍 宅地内の配管を確認
	🔍 給水装置の所有者名義人の確認
	⚠️ 「前面道路下の給水管の有無と口径・土被り厚、引込管の有無と 口径を教えてください。それと、給水台帳図面をください」

▼

上 水 道 課	■注意して聞くこと ※宅地内は委任状（媒介契約書）の提示を求められます。 ①一般的に聞くこと 　「宅地内給水管の管径等を教えてください。またその図面もください」 　「給水装置の所有者は〇〇さんでいいですか」 ②引込管や水道メーターが設置されていない場合 　「引込管を設置するのにかかる費用を教えてください」
	📄 上水道台帳図、宅地内配管図の取得
河 川 課	🔍 **近隣にある河川、水路情報の確認**
	⚠️ 「河川（水路）の管理幅や深さなどを教えてください。また、図面 　をください」※道路斜線制限の緩和、擁壁のやり直しに影響します
	📄 水路図の取得
防 災 課	🔍 **浸水履歴、想定される浸水深さの確認**
	🔍 **地震時の影響の確認（液状化含む）**
	⚠️ 「浸水履歴と想定深さ、地震による被害、液状化の可能性について 　教えてください」
	📄 ハザードマップ（浸水、津波、地震）、液状化マップの取得
農業委員会	🔍 **田畑を売買する際の手続き方法の確認**
	🔍 **生産緑地の指定の有無**
	⚠️ 「田畑を売買するときの手続き方法とそのスケジュールを 　教えてください」 ⚠️ 「生産緑地に指定されていますか、また、指定が解除される場合の 　条件を教えてください」
	📄 農地転用関連書類、生産緑地図の取得
生涯教育課	🔍 **埋蔵文化財包蔵地の該当有無の確認**
	⚠️ 「埋蔵文化財包蔵地に該当するかを教えてください」
	■注意して聞くこと ①該当地・隣接地の場合 　「建築物を建てる場合の届出方法、書式など概要を教えてください。 　また、試掘等の費用はどうなりますか」 ②対象地でかつて試掘が行われたことがある場合 　「どのようなケースで再度試掘することになるかを教えてください」
	📄 届出書の取得。エリア図は書き写し対応が多い

資 産 税 課	🔍 対象不動産と関係する家屋や土地の所在の確認
	⚠️ 評価証明書等の取得時に 「対象不動産に関係する地番、家屋番号すべてをお願いいたします」 ※委任状（媒介契約書）の提示を求められます
	📄 評価証明書・公租公課証明書・名寄帳の取得
地域自治課	🔍 町内会（自治会）の確認
	⚠️ 「町内会があればその連絡先を教えてください」 ※主に会長の連絡先を教えてもらえるので書き写す。
情報公開室	🔍 対象不動産の歴史の確認
	※都市計画図が売られていたり、浸水ハザードマップなどが 　備え付けられているときがある

　依頼者の目的や、不動産の属性によって、これら以外の担当部署でも調査をするときがあります。たとえば、子供の学区にこだわる依頼者の方であれば、その地域が希望の学区内に入っているかどうかを教育委員会で調査していきます。

●建築基準法上の道路に2m接すること

　前面道路が建築基準法上の道路に該当しているかの調査が重要です。建築基準法の第43条では、建物を建てるにはその敷地と建築基準法に該当する道路が2m以上接していなければならないと定められています（ただし、例外規定もあります）。

　そのため、公道私道を問わず建築指導課にてその道路が建築基準法上の道路に該当するかを調べることになります。建築基準法上の道路に該当するなら問題ありません。一方、該当しないようでしたら、どうしたら該当できるようになるのか、もしくは他に建てられる方法がないのかを模索することになります。

　また、よく勘違いするのが、公道イコール建築基準法上の道路と考え

てしまうことです。私も昔はよく勘違いしていたのですが、決してイコールではありません。

　東京23区では区有通路という名称で、公道であっても建築基準法上の道路には該当しない道路があります。他の自治体でも各々の名称で同様の道路があります。思い込みは排して、しっかりと建築指導課でヒアリングすることが肝要です。

●わかる部署で目的を明確に聞く

　なお、各部署での調査内容の聞き方（尋ね方）については次の4点のポイントがあります。

　　1）目的を明確に聞く
　　2）深く突っ込んで聞く
　　3）知っていても念のため再度聞く（知ったかぶりをしない）
　　4）別の視点からこれならどうでしょうかと聞く

　たとえば、前面道路が私道の場合、管轄する建築指導課で調査することになります。そこで「建築基準法上の道路でしょうか？」「2項道路なら中心線は定まっていますか？」と目的を明確にして聞くことが重要です。

　また、回答を得られたらそれで良しとして引き上げるのではなく、もう少し深く話を聞きます。「こちらは何mセットバックしたらいいのでしょうか？」と尋ねると、「道路向かいの家が建て替えする際に中心線は確定しています。その中心線から見ると0.7mのセットバック（敷地後退）してもらいます」と、より深い回答が得られるはずです。

　もしくは、単に「未確定なので狭あいの協議（道路中心線を確定する協議）をしてください」という回答かもしれません。

どのような回答でも構いません。調査する対象不動産にどういった影響が出るのか、ということまで深く尋ねるのが基本です。

それと、知っていても念のため再度聞く、知ったかぶりをしない習慣をつけます。各自治体で専門用語の意味も若干異なることがあり、かつ法律の運用も違うからです。

たとえば、市街化調整区域では許可を得ないと家が建ちにくい、もしくは建たないと一般的な解釈ではなっています。私もそういうものだと早合点をして活動をしていたところ、ある自治体では条例（都市計画法第34条11号〈旧第34条8号の3〉による）があり許可がなくとも建物を建てるのに問題がないことがわかり、冷汗をかいたことがあります。

別の視点から尋ねることも重要です。たとえば建築指導課で「再建築ができませんね」という回答を得ても、住宅地図や公図などを見ながら「隣地のこの部分を通路として使用承諾を得れば、再建築ができませんでしょうか？」と聞いてみるのです。「それなら再建築できます」など

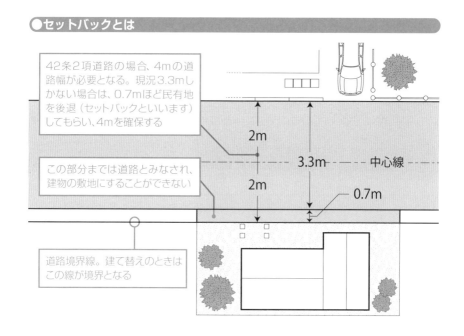

●セットバックとは

42条2項道路の場合、4mの道路幅が必要となる。現況3.3mしかない場合は、0.7mほど民有地を後退（セットバックといいます）してもらい、4mを確保する

この部分までは道路とみなされ、建物の敷地にすることができない

2m

3.3m --- 中心線 ---

2m

0.7m

道路境界線。建て替えのときはこの線が境界となる

の回答があれば、隣地の方との交渉によっては再建築が可能となります。

あるいは、ストレートに「どうしたら再建築できますか」と聞くのも手です。親切に方法を教えてもらえることもあります。

●都市計画法以外の法令と条例も都市計画課で確認

どこでどう調査をして良いかわからないのが、都市計画法以外の法令と条例です。どうしてもわからなければ、まずは都市計画課の窓口に行ってみます。役所によっては各種法令や条例を調査できる窓口の一覧表が置いてありますので、それを見ながら該当する窓口に確認できます。

それがなければ都市計画課で「もしわかれば教えてください」とダメもとで尋ねてみましょう。景観法や航空法など該当する法令を教えてくれることがあります。その後は、該当する窓口を探して、自身で1つ1つ確認していくようにします。

●不動産の "かたち" がつくられる

　役所調査の結果、対象となる不動産にどのような建物が建てられるか、どのように利用できるか、また、その周辺一帯がどのような環境となるかがわかるようになります。

　このように役所調査によって対象不動産の "かたち" がつくられます。その一方で、調査する人の聞き方などで調査結果が変わるものだということについては、先に述べました。

　つまり、みなさんの調査のやり方次第で、対象不動産の可能性を大きく伸ばすことができるか、逆に縮めてしまうのか、決定づけることができるのです。不動産の仕事ではこの役所調査がとても重要です。気を抜かず調査するようにしましょう。

ここが
ポイント！

④ 役所調査を成功させるには、目的を明確に、深く突っ込むこと！　一方で、念のために別の視点からも聞くこと！

5 役所で取得した書類を読みこなすのはプロとしての第一歩

●書類の読み方

　各担当部署で取得してきた多くの書類、それらをどのように読んだらいいのか、悩んだことはありませんか。私も業界に入りたての頃、意味もわからず書類をたくさん取得して「ここから先はどうすりゃいいんだ」と悩んだことがあります。

　そこで、読み方がわかりづらい1）建築計画概要書、2）台帳記載事項証明書、3）位置指定道路図、4）上・下水道台帳、5）評価証明書の5点に絞って、1つ1つ解説していきましょう。

1）建築計画概要書

　建築計画概要書では、次の2点について確認します。

　A）現況の延床面積や土地面積と適合しているか（第一面）

　B）道路と敷地の関係（幅員、接道距離）がどうか（第二面）

　現況と概要書を見比べて、建物と敷地の形状が異なっている場合や、建築面積が大きかったり、逆に土地面積が小さい場合は、違法建築もしくは既存不適格（建てた時は適法だが、その後違法となった状態）の可能性があります。

　違法建築となれば、銀行の融資を受けにくくなります。

　一方、道路と敷地の関係を見ることで、どのような理由で建築許可がなされたのかがわかります。特に路地状敷地の場合は、路地状部分の幅が2mあるのか、他人の敷地を借りていないのか、などを突き詰めて読み込みます。

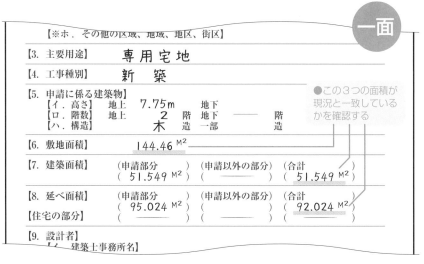

一面

【※ホ．その他の区域、地域、地区、街区】

【3. 主要用途】	専用宅地
【4. 工事種別】	新 築

【5. 申請に係る建築物】
【イ．高さ】 地上 7.75m 地下
【ロ．階数】 地上 2 階 地下 階
【ハ．構造】 木 造 一部 造

●この3つの面積が現況と一致しているかを確認する

【6. 敷地面積】 144.46 M²

【7. 建築面積】 （申請部分 ）（申請以外の部分）（合計 ）
（ 51.549 M²）（ ――― ）（ 51.549 M²）

【8. 延べ面積】 （申請部分 ）（申請以外の部分）（合計 ）
【住宅の部分】（ 95.024 M²）（ ）（ 92.024 M²）

【9. 設計者】
【イ．建築士事務所名】

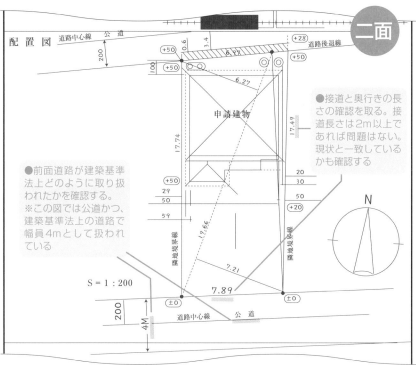

二面

配置図 道路中心線 公道

●前面道路が建築基準法上どのように取り扱われたかを確認する。
※この図では公道かつ、建築基準法上の道路で幅員4mとして扱われている

●接道と奥行きの長さの確認を取る。接道長さは2m以上であれば問題はない。現状と一致しているかも確認する

申請建物

S＝1：200

道路中心線 公道

また、前面道路が建築基準法上何条何項に該当するのかも気にして見てください。42条2項道路の場合は4mを満たすため、セットバックをしているのかどうか、どこを道路の中心線としているのか、を見ることが必要です。

対象不動産の概要書がない場合は、同じ前面道路沿いで並んで建っている、比較的新しい建築物の概要書を取得します。そうすることで、前面道路の種別と道路中心線がわかります。

2）台帳記載事項証明書

建築確認と完了検査が済んでいるかどうかを記載した証明書です。

建築確認は設計図書等で建築基準法等に適合している場合に「済証」が発行され、完了検査は実際に立ち上がった建築を見て建築基準法等に適合していれば「済証」が発行されるものです。違法建築ではないことを判断する重要な証明書です。

中古戸建ではよく、建築確認済証はあるが完了検査済証はないというケースにあたります。その場合は、依頼者が持っている建築確認通知書に付随する建物の間取図を見ながら、建築確認済証が発行された後に、設計図書とは違った形で家が建てられていないかを見ます。違う場合は、違法建築なので融資が受けにくいという問題だけではなく、耐震性や安全性はどうなのかという問題も浮上します。

3）位置指定道路図

位置指定道路とは、私道でありながら役所に申請し許可をもらって建築基準法に該当するものとしている道路のことです。

位置指定道路図の見方は、どこからどこまでの範囲を、また幅を道路幅員としているのか確認します。

その理由としては、道路上は建築物や工作物等障害になるものを置いてはならないのが原則なのですが、位置指定道路は私道だけに所有者が

勝手に花壇にしたり、門扉等の工作物を設けたりしていることがあります。それらがあると建築をする際に、許可が下りないことがあるのです。そこで、道路とされている範囲と幅員部分と現地を照合して、何も工作物がないかを確認する必要があります。

4）上・下水道台帳

　上水道台帳のポイントは、Ａ）存在の有無、Ｂ）土被り厚、Ｃ）管径（前面道路、引込管）の３点です。

　前面道路に上水道が通っていない場合、また敷地に引き込み管がない場合は、給水するために管をあるところから延ばしてこないといけないため、費用がかかることを念頭に置きます。存在の有無で費用が異なってくるのです。

　続いて土被り厚。地表面から管まで被っている土の厚さを指します。土被り厚が大きい（深い）と、その分接続管も深く掘って入れるため工事費用が高くなります。逆に土被り厚が小さい（浅い）と大型車の重みに管が耐えられず破水することが考えられます。

　管径の大きさは実際に暮らす場合に重要です。管径が小さいと満足いくように水が出なかったり、水圧も弱く一定でないことが起こりえます。家族数や水を使う設備数により必要な管径が異なってきます。一般的な戸建では13mmの管径ですと、水が出にくくストレスを感じる可能性があります。

　また、まれに上水道管が隣地を経由して引き込まれていることがあります。この場合は、管径を変える際や撤去の際に隣地を掘らなければならなくなります。該当する場合は、隣地の所有者に撤去等の同意書を取得したりするなど、事前に対処方法を調べておくことが後々のトラブルを避ける上でも重要です。

　下水道台帳も上水道と同じ点を調査します。ただ、それ以外にも確認する点があります。

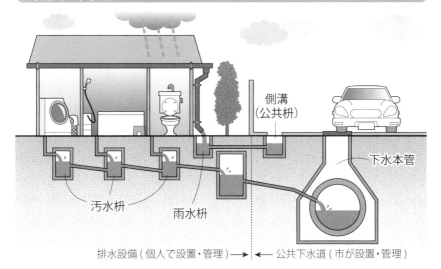

側溝
（公共枡）

下水本管

汚水枡

雨水枡

排水設備（個人で設置・管理）→ ← 公共下水道（市が設置・管理）

「分流式か合流式か」「分流式なら雨水はどう処理されているか」という2点です。

　合流式とは汚水雑排水と雨水を1つの管で流している形式で、分流式は汚水雑排水と雨水を別に流している形式です。合流式なら問題ありません。

　分流式の場合は雨水について雨水管で流しているのか、側溝で流しているのか、宅地内で浸透処理をするのかまで確認する必要が出てきます。雨水管で処理している場合は、下水道図面にその旨の記載がありますが、それ以外は役所でのヒアリングか現地での確認となります。

5）評価証明書

　評価証明書で確認する点は、主に建物のA）現況床面積、B）摘要の2点です。登記上の床面積と構造等の概要と異なることがあるので、それを確認します。

異なる理由は、役所（地方公共団体）が固定資産税等の課税のために現況の建物面積を独自に調査しているからです。その結果、所有者が申告をしない限り変更されない登記上の床面積や構造よりも、現実に近い概要が書かれています。

　もし、現況床面積が登記床面積と異なるのであれば、増改築などをして未登記であることを意味しています。その場合は売主へのヒアリングや現地調査の結果と合わせて、どうするかを判断してください。

　また、評価証明書に記載されている評価額は、登録免許税や不動産取得税の計算に用います。買主の資金計画で詳細な計算が必要であれば、早めに取得して算出する必要があります。

●評価証明書

●現況床面積が登記事項証明書の床面積と一致していますか？

●評価額は登録免許税の算出に用います

●登記事項証明書の内容と一致しますか？

似たような証明書に公課証明書というものがあります。そちらは固定資産税や都市計画税の税額が記載されていますが、売主から固定資産税納付通知書のコピーを入手しているなら不要です。

●わからなければその場で聞く！

　これらの書類を受け取ったら、すぐには帰らずに窓口そばの長椅子に座って内容を一度確認しましょう。書類の取り間違いがないか、不足している書類がないかを見返します。もし、不明や疑問を感じる点があれば迷わず窓口で相談して、早めに払拭するようにします。

ここがポイント！ ⑤

建築、土木絡みの書類は内容がわかりづらい。わからなければ役所でその意味を聞こう！

6 ガスや電気などライフラインの調査も欠かせない

●ガスは2種類ある

役所調査を終えたら今度はガスと電力の調査を行います。

ガスは都市ガスとプロパンガスの2種類があります。さらにプロパンガスは個別方式と集中方式の2種類に分かれます。これらは所有者へのヒアリングと現地確認によって、どちらを利用しているかを判別します。

現地に"G"と書かれたプレート、もしくは赤い杭があるようなら都市ガスを引き込んでいる可能性が高く、一方、建物の裏側にボンベがあれば個別方式のプロパンガスを利用している可能性が高いと判断します。

また、オール電化を採用しており、そもそもガスの利用自体がない物件もあります。

ガスの使用については、所有者へのヒアリングか利用明細書を見せてもらった上で、調査をかけていくと効率が良いでしょう。

●都市ガスの調査方法と内容

東京ガスや大阪ガスなど代表的な都市ガス会社ではインターネットによる埋設状況の確認サービスを行っています。また、インターネットサービスを行っていない都市ガス会社でも、FAXによる確認サービスは行っているところは多いので、どちらかの方法で問い合わせをして調査していきます。

ちなみにどこのガス事業者を利用しているかわからない場合は、（社）日本ガス協会の事業者検索（http://www.gas.or.jp/gyosya/）であたりを

つけることができます。

　調査する内容は、1）埋設管の有無と管径、2）使用料や負担金の有無と金額、の2点です。注意点は上水道の場合と同じく、ガスの引込管が隣地を経由していないか、また、隣地の引込管が敷地に入り込んでいないか、といったことです。もし、それらに該当する場合は、撤去や更新する費用を考えなければなりません。

●プロパンガスの調査方法と内容

　プロパンガスは管理会社への電話問い合わせが一般的です。1）個別方式か集中方式か、2）ガス配管設備の所有権と使用料負担、3）特別なサービスの有無、この3点が調査する内容です。

ガス配管設備の所有権がプロパンガス会社にあることもまれにあり、都市ガスへの切り替えと同時にその設備の買い取りや使用料負担を請求されるということもあります。

　プロパンガスは都市ガスよりもかなり柔軟に個別に契約を結んでいるようで、なかにはガスコンロの提供を受けるなど特別なサービスを受けている人もいます。新聞購読時の各新聞販売店からのサービスに意味合い的には近いでしょうか。

　些末なことでしたら関係ありませんが、時には依頼者の調査目的に関係することもありますので、プロパンガスの場合は都市ガスよりも契約内容に注意を払います。

●電力会社への調査が必要な場合

　電力会社に調査をする場合もあります。それは、1）掘削（くっさく）を伴う建築工事を行う場合、2）高圧線が架設されている場合、3）敷地内に電柱がある場合、この3点です。

1）掘削を伴う建築工事を行う場合

　これは、電力会社の埋設管を損傷させる可能性があります。特に電柱の近くや、私道を掘削する場合（公道は掘削できません）です。損傷をさせないように事前に電力会社から埋設管調査図を入手するようにします。

2）高圧線が敷地内に架設されている場合

　これから建てる建築物の高さが、電線の電圧と高さにより制限を受けますので気をつけます。調査方法は電力会社への電話確認で行い、A）建築の制限について、B）線下補償（金銭補償）について尋ねます。どこに電話をしていいかわからない場合は、高圧線を配線している近くの

鉄塔に連絡先が明示されていますので、それを書き写し連絡します。

　まれに、高圧線の所有者が電力会社ではなく、JR などの電鉄会社であることもありますが、調査方法自体は同じです。

3）敷地内に電柱がある場合

　この場合には、土地使用料という金銭補償があります。こちらも個人情報の絡みがあるはずなのですが、「1 本いくら」と決まっているのか電力会社が教えてくれることがよくあるので一通りヒアリングを行います。

　依頼者が電柱の移設を希望する場合は、電力会社に「移設が可能かどうか」「移設費用はいくらか」「手続きの流れと移設期間はどの程度か」という 3 点について確認をしてください。

　ここまで行えば、ライフライン関係の調査も終了です。

ここがポイント！ ⑥

見ただけではわかりづらいのが
ガス調査。
ネット、FAX、電話で確認しよう！

7 マンションの調査は 管理人までにも及ぶ！？

●予期せぬことと勘違いがないかが調査のポイント

　マンションの調査ポイントは依頼者にとって「予期せぬことがないか」「勘違いがないか」を調査で見極めることです。戸建と違い、建物を他の人と共有しているわけですから、所有者が知らないところで何かがあって当然だからです。

　なお、管理会社に管理を委託している管理組合は、管理会社が発行する「管理に係る重要事項報告書」と所有者が持っている「管理規約」を確認できれば、重要な調査ポイントを調べることができます。

●買主の希望の利用ができるのか？

　管理に係る重要事項報告書はマンションの管理会社が発行してくれます。重要事項説明書に記載しなければならない事項や、購入前に買主に説明をしなければならないことが多く書かれていますので、できれば媒介依頼時に、遅くとも購入申込書を受け取る前後には取得しておきます。

　発行の依頼はマンションの管理会社に対して、ネットやFAXで申込みを行い、費用を支払えば対応してもらえます。報告書は3日〜1週間ぐらいでネットでダウンロードもしくは郵送による形式で取得できます。

　その際は一緒に管理規約や総会議事録も請求できます。売主から管理規約を預かっていれば不要ですが、最新のものでない限り規約内容が変わっていることもあるので、躊躇せず請求しておいた方が安心です。総会議事録を読めばマンション内のトピックがわかります。

●管理に係る重要事項報告書サンプル

管理に係る重要事項報告書

●調査該当のマンションかどうかを確認

物件名称	かんきグラン・レジデンス				**一面**
総戸数	414戸	総棟数	5棟	対象棟の戸数	80戸
物件所在地	東京都千代田区麹町4-1-4		対象住戸	A棟 801号室	

1 管理体制関係

管理組合名称	かんきグラン・レジデンス 管理組合
管理組合組織	① 区分所有者全員で組織する管理組合 2 団地建物所有者全員で組織する団地管理組合(又は街区管理組合)
管理組合役員数	理事 名 監事 名

●駐車場等の利用も確認。
空きがあるのか、駐車ができるのかを見る

2 共用部分関係
駐車場

				二面
駐車区画数	敷地内	平面自走式 414台 機械式 10台		
	敷地外	平面自走式 — 台 立体自走式 — 台 機械式 — 台		
駐車場使用資格	参照条文 管理規約第 18条 又は 使用細則第 5条 賃借人の使用の可否 ① 可 2 不可			
駐車場権利承継可否	1 可 ② 不可			

●管理費等の月額滞納額を確認。
何にいくら月額でかかるのかを見る

3 売却依頼主負担管理費等関係(<del>平成</del> 令和 × 年 11 月 1 日現在)

				三面
管理費(全体)	12,000 円(滞納額	0 円)		
管理費(棟別)	1,000 円(滞納額	0 円)		
修繕積立金(全体)	13,000 円(滞納額	0 円)		
修繕積立金(棟別)	1,000 円(滞納額	0 円)		
修繕一時金	— 円(滞納額	— 円)		
駐車場使用料	18,000 円(滞納額	0 円)		
自転車置場使用料	400 円(滞納額	0 円)		
バイク置場使用料	0 円(滞納額	0 円)		
ミニバイク置場使用料	0 円(滞納額	0 円)		

●管理組合の収支関係も確認。
修繕積立金、借入額がポイント

4 管理組合収支関係
収支及び予算の状況

	直近の収支報告（確定額）	当年度の収支予算	**四面**
管理費会計収入総額	120,000千円	120,000千円	
管理費会計支出総額	110,000千円	125,000千円	
管理費会計繰越額	10,000千円	▲5,000千円	
管理費会計資産総額	30,000千円	—	
管理費会計負債総額	0千円	—	
修繕積立金会計収入総額	130,000千円	130,000千円	
修繕積立金会計支出総額	12,000千円	2,500千円	
修繕積立金会計繰越額 (修繕積立金累積額)	1,422,000千円	1,549,500千円	
修繕積立金会計資産総額			

●専有部分の用途や使用規制を確認。
買主希望の利用ができるのかも調べよう

5 専有部分使用規制関係

		五面
専有部分用途	① 住宅専用 2 住宅以外も可 管理規約 参照条文 第 8条 詳細は、管理規約を参照して下さい。	
専有部分使用規制	ペットの飼育制限 ① 有 2 無 使用細則 参照条文 第 2条 専有部分内工事の制限 ① 有 2 無 使用細則 参照条文 第 9条 楽器等音に関する制限 ① 有 2 無 使用細則 参照条文 第 1条 詳細は、管理規約、使用細則等を参照して下さい。	
マンション全体の契約等による規制	一括受電方式の導入 1 有 ② 無 導入有の場合（契約先 : ） （契約期間 : ～ ） 留意事項	

●管理に係る重要事項報告書の見方

　管理に係る重要事項報告書が届いたら、管理規約を片手に見ていきます。主に1）専有部分の用途および利用制限、2）管理費等の月額と滞納額、3）マンションの会計、4）駐車場等の利用、この4点は押さえておくようにします。

　1）専有部分の用途および利用制限では、報告書の「専有部分使用規制関係」に着目し、住宅以外で使えるのかどうかやペットの飼育ができるのかなどを確認します。管理規約にもその条文があるので、照らし合わせて見ていきましょう。

　2）管理費等の月額と滞納額では、報告書の「売却依頼主負担管理費等関係」に着目し、毎月、何に、いくらかかるのかを見ていきます。売主に管理費等の滞納があるようなら、その清算をしない限り、滞納額は新たな所有者に引き継がれてしまいます。

　3）マンションの会計は、私がもっとも注意をする点です。報告書の「管理組合収支関係」に着目し、会計上赤字で、かつ借入金に頼っていないか、きちんと修繕積立金が積み上げられているか、この2点を見ていきます。具体的には管理組合の貸借対照表から修繕積立金総額、借入金額をチェックします。

　国土交通省による平成28年の調査では、「修繕工事が不足している」と回答をした管理会社は約34％という結果でした。将来一時金を徴収するマンションや、修繕工事ができず資産性を損なうマンションも出てくるでしょう。買主にアドバイスできるように読み込んでおきたいです。

　4）駐車場等の利用では、報告書の「共用部分関係」に着目します。駐車場を希望されている買主なら、その空きがあり、かつ寸法や重量の制限に引っ掛からないかを見ます。最近は、家族1人に1台自転車を利用しているケースが多いので、希望する台数分を止められるのかを管理規約と合わせて見ておきましょう。

●自主管理マンションは必ず書面化を行う

　一方、管理会社に管理を委託していない、もしくは、一部のみ（おおむね清掃のみ）を委託しているマンションもあります。このようなマンションは区分所有者自らが管理することから、自主管理マンションと呼ばれています。昭和40～60年代に建てられた団地形式のマンションによく見受けられる管理形式です。この場合、調査が容易ではありません。

　自主管理マンションの場合は、管理組合の理事長にヒアリングをして管理状況を聞き出すのが一般的です。なかには書面で管理状況を教えてくれるところもありますが、私の経験では書面の交付は稀だと言えます。

　ただ、ヒアリングだけの場合、こちらの間違いや勘違いで誤った情報を依頼者に伝えてしまう危険性も考えられます。

　そこで必ずヒアリング結果の書面化を行い、理事長に内容を確認して署名捺印をしてもらうか、できないなら目を通してもらうぐらいの確認作業を行うべきです。1回のヒアリングでそのまま調査を終了するのは危険と言えます。

●契約直後に発覚した耐震偽装問題

　マンションについては管理会社よりも現場にいる管理人がよく知っていることがあります。特にイレギュラーなことは管理人が的確に把握しています。そのため、管理人には一度会って話を聞いておくことをお勧めします。

　私が不動産会社に勤めていた頃の話です。部下が担当をしていたマンションが、契約してから数日後にタブロイド紙で「耐震偽装か？」と指摘されました。すぐさま管理会社の重要事項報告書を見直しましたが、やはり1行も耐震のことは書かれてません。

そこで直接マンションへ行き、管理人や居住者から詳しく話を聞くことにしました。さすがに管理人はよく知っていました。「もうこの話は数カ月前からあり、先月には補修計画も居住者の方に話をしたんですよ」と概要を教えてくれました。

　非常階段の鉄骨組みがボルトで接合されていないなど手抜き箇所があり、それが回りまわって耐震偽装として報じられたようです。

　このように、実際は耐震偽装ではなかったものの、そのことが重要かどうかは買主が判断することなので、調査説明不足となり第一義的には我々の責任になります。

　管理会社の調査だけではなく、契約前に1回は管理人と会って何か問題はないか聞いておくべきだったと反省しきりでした。ひと手間を惜しんだがためのトラブルと言えます。

事件は現場で起きている？
マンションの情報は管理会社よりも
管理人のほうが強い！

8 現場に戻ってもう一度書類を照合して、調査は満点になる

さて、ここまでで調査も終わりです。「お疲れ様でした」と言いたいところですが、最後に必ずしておいた方がいいことがあります。

それは現地にもう一度足を運んで、調査結果や取得した書類を現地と照合することです。調査結果や書類が現地と一致しないことも多いからです。放っておくと後日大きなトラブルに発展することもあります。

● 30年経過した不動産は注意を

取得して30年ほど経過している不動産は調査結果や書類と現況が何らかの相違をしていることが多くあります。特に、道路幅員が狭いエリアでは、その違いの影響が大きいため、何度も調査結果と書類を現地と突き合わせて見た方がいいでしょう。

● 4つの原因のどれに当たるか

もし、相違点が出てきた場合は、その理由を調べる必要があります。不動産の調査では、現況が優先されるからです。

想定される原因は主に以下の4つです。

1）法令改正・新法制定によるもの

2）届け出をしなかったことによるもの

3）違反・違法行為によるもの

4）調査能力の向上によるもの

原因がわかったら、その原因も付して依頼者に調査結果の説明をします。

●そのまま伝えること

仮に、相違点の原因がわからない場合は、「現況はこうだけど、調査結果や書類はこうなっています」と依頼者に書面で説明します。

必ずそのまま伝えること、ここがポイントです。

その上で、原因がわからなくとも、仮説でいいので想定される原因を口頭で説明しておくのがプロの仕事です。もちろん、話し方によっては依頼者が誤った受け取り方をすることもあります。そのあたりには、十分に気をつけて話をしてください。

●判断は依頼者に任せる

調査結果や書類を見たうえでの最終的な判断は、依頼者に任せましょう。

もし、相違点がある2つの書類について、あなたが勝手に取捨選択をしたとしましょう。その選択が正しければ問題は起こりませんが、間違ってしまうと、後日、大きなトラブルになります。

依頼者に判断をしてもらうために、現況、調査結果、書類をそのままの形で伝えることが、不動産業者の役割と言えます。

これでようやく調査は終了です。

ここがポイント！⑧
資料と現場が一致すれば満点。
一致しなければ、依頼者の判断にゆだねるのが不動産業者の役目。

第**3**章

不動産取引の流れ
を知っておこう

不動産取引のキモは、
「お客様の不安の解消」!?

：「先輩見てください！ 先週、戸建を案内したC様から、購入
申込書をいただきました！」

：「希望する条件が合っていたし、かなり気に入っていたんでしょ。
よかったわね。すぐ動くのよ」

：「はい！ すぐ店長に報告して、みんなにも自慢してきます！」

：「違うでしょ！ お客様の気が変わらないうちに、売主側の業
者さんに連絡して、すぐに購入申込書を届けないと。一人買い
たい人が現れたときは、他にもライバルが現れている可能性が
あるの。先を越されるかもしれないのよ」

：「おっと、そうでした！ すぐに先方の業者に連絡します。そ
れと、C様から室内の汚れが目立ったので、リフォームをする
分の値引きを要求されているのですが、それをそのまま業者に
伝えておいた方がいいでしょうか？」

：「室内の汚れというくだりは必要ないわね。万一、売主様に伝
わったら心証を害するかもしれないでしょ。不動産取引の鉄則
は、心地良い取引だって、いつも教えてるわよね」

：「はい！ 資金計画もできていて、銀行の事前融資審査申込書
にも記入していただいたので、これでバッチリですね」

：「C様には、今後必要になる書類とか取引全体の流れも説明しておいたの？」

：「もちろんですよ。売買契約や融資が決まって銀行と契約するときに必要になる印鑑証明書と住民票の枚数も含めて、取引の流れも図に書いて説明しました。そうしたらC様から『Aさんに任せて安心ね』と言われて。えへへ」

：「お客様は常に不安がつきまとうものだから、その気持ちを汲むことが大事。A君、今回は意外に完璧ね」

：「団体信用生命保険の申込みのために、C様の健康状況も確認しましたし、考えられる手はすべて打っておきました。こういうのを、微に入り細に入りって言うんですよね」

：「ちょっと待って、電話だ。『はい、◯◯不動産です。Aですね、少々お待ち下さい』。A君、先方の業者さんから」

：「『お電話代わりました、Aです。はい……ええそうですか、わかりました。すぐに対応いたします』。やばい！　もう1回、C様のところに行って説明しないといけません……」

：「どうしたの、アンタ顔色が蒼いわよ？　何か交渉条件とか言われたの。それとも他の購入希望者とかがいたの」

：「……間違えて、売渡承諾書に書いてもらってました（涙）」

：「バカ者！！」

1 不動産取引の基本は 口約束を書面化すること

　昔から不動産は人生で最も高価な買い物だと言われています。そのためか、ネットの時代になっても、それだけで売買をすることには不安を感じるようで、対面なしの直接取引はほとんどありません。

　ネットが入り口であったとしても、その先は直接会って話をし、取引の安全性を確かめてから、不動産の売買を行います。

　また、直接相手方と交渉することはなく、昔と変わらず信頼できる代理人（不動産業者）を介して口約束を書面化して取引を進める方式を取っています。私はそこに不動産取引の本質や不動産業者の存在理由があると思うのです。

●商品説明よりも信頼を得るところから

　本章では、不動産取引の勘どころについて解説していきます。私は、不動産取引の3原則を次のように、定義しています。

　1）取引は信頼が不可欠

　2）取引は言葉と書面で行う

　3）契約は口約束を書面化したものである

　不動産取引というものが、契約まで言葉による口約束で進む以上、もっとも大事なことは"信頼"です。第1章でも述べましたが、不動産業者の存在意義は"信頼を媒介すること"にあると思います。

　不動産は高額なのに試しに住んでみる、利用してみる、ということができない商品です。唯一、見ることだけはできますが、これでは本当の

ところは不動産がどんな状態にあるのかがわからず購入するしかありません。だからどこかで不安でも疑わしくとも、売主や不動産業者の言葉と書面を思い切りよく信頼しないと、取引はできないと言えます。

信頼を得るところから始める、この点に留意すれば取引はしやすくなるはずです。

●口約束を書面化するのが仕事

不動産業者の最も重要な仕事は、売主と買主で交わしてきた口約束を書面化し、双方が再確認した上で署名捺印をいただくことです。取引の過程において出てきた言葉や、やり取りはできるだけメモを取り、契約の際にはそれを書面化しましょう。

新人ならスーツのポケットに入るメモを用意して、常時携行するぐらいの心構えが必要です。

●不動産取引は相談から始まる

ここからは、具体的な不動産取引の流れについて説明します。次ページに、不動産取引の流れを、売る側・買う側を対照させながらフローチャートでまとめてみました。参照してください。

なお、本書では中古物件の取引を前提に解説しています。新築物件の方が取引形態は単純ですので、より複雑な中古取引をベースに学んでいただく方が有益だからです。

さて、不動産取引は売る側、買う側とも相談から始まります。その後、売却・購入準備、物件案内、売買契約、引き渡しと大きく４つの段階を踏んで進んでいきます。引き渡し後も手続きはありますが、業務外ですので、必要であればサポートしてください。

●不動産取引の流れ

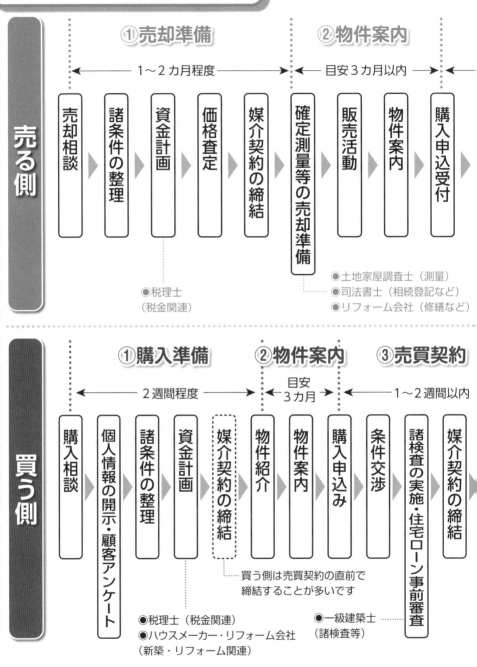

売る側

①売却準備 ←―― 1〜2カ月程度 ――→
②物件案内 ←―― 目安3カ月以内 ――→

売却相談 → 諸条件の整理 → 資金計画 → 価格査定 → 媒介契約の締結 → 確定測量等の売却準備 → 販売活動 → 物件案内 → 購入申込受付 →

●税理士
（税金関連）

●土地家屋調査士（測量）
●司法書士（相続登記など）
●リフォーム会社（修繕など）

買う側

①購入準備 ←―― 2週間程度 ――→
②物件案内 ←― 目安3カ月 ―→
③売買契約 ←―― 1〜2週間以内 ――→

購入相談 → 個人情報の開示・顧客アンケート → 諸条件の整理 → 資金計画 → 媒介契約の締結 → 物件紹介 → 物件案内 → 購入申込み → 条件交渉 → 諸検査の実施・住宅ローン事前審査 → 媒介契約の締結

買う側は売買契約の直前で締結することが多いです

●税理士（税金関連）
●ハウスメーカー・リフォーム会社
（新築・リフォーム関連）

●一級建築士
（諸検査等）

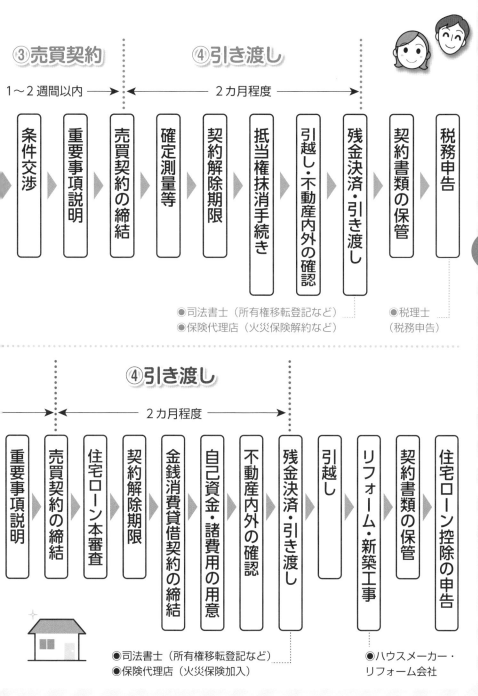

③売買契約　　　④引き渡し

1〜2週間以内　　　　　　2カ月程度

条件交渉　▶　重要事項説明　▶　売買契約の締結　▶　確定測量等　▶　契約解除期限　▶　抵当権抹消手続き　▶　引越し・不動産内外の確認　▶　残金決済・引き渡し　▶　契約書類の保管　▶　税務申告

●司法書士（所有権移転登記など）
●保険代理店（火災保険解約など）

●税理士
（税務申告）

④引き渡し

2カ月程度

重要事項説明　▶　売買契約の締結　▶　住宅ローン本審査　▶　契約解除期限　▶　金銭消費貸借契約の締結　▶　自己資金・諸費用の用意　▶　不動産内外の確認　▶　残金決済・引き渡し　▶　引越し　▶　リフォーム・新築工事　▶　契約書類の保管　▶　住宅ローン控除の申告

●司法書士（所有権移転登記など）
●保険代理店（火災保険加入）

●ハウスメーカー・
リフォーム会社

第3章 ● 不動産取引の流れを知っておこう

117

●売買できる商品なのかどうかを見極める

　取引を始める前に、そもそも売買できる不動産なのかどうかを把握することが必要です。注意すべきポイントを挙げておきましょう。

　1）所有者からの売却依頼ではない

　2）然るべき手続きを取られていない（面積が不確定、法定代理人がいないなど）

　3）融資を受けにくい（再建築不可の不動産など）

　4）債権者や地主の承諾を受けていない（任意売却、借地権など）

　5）建物が建たない（市街化調整区域内）

　これらに当てはまる物件であれば、グレーゾーンにありますので、しっかり見極め、準備してから取引を進めてください。

●関わる専門家も知っておこう

　不動産取引には多くの専門家が関わります。どのような専門家がいる
のかも知っておきましょう。どの専門家が何をするのかは、下の表で一
覧にしておきました。また、不動産取引の流れのどの段階で関与するの
かは、116～117ページのフローチャートを見てください。

●不動産取引に関わる専門家

名称	🔍……業務の範囲　⇨……具体的に何をするのか
司法書士	🔍 登記手続き全般 ⇨ 所有権移転、抵当権抹消、住所変更、相続等の登記手続きを行う
土地家屋調査士	🔍 確定測量　🔍 表示登記 ⇨ 土地の測量や、地目の変更、新築や増改築の建物表示登記を行う
一級建築士	🔍 各種検査 ⇨ 建物状況調査、耐震基準適合検査、瑕疵保険検査、フラット35 適合検査、その証明書の発行（※他に別途資格が必要）を行う
ハウスメーカー・リフォーム会社	🔍 新築　🔍 リフォーム　🔍 修繕工事 ⇨ 注文建築やリフォーム、修繕等のプランニングや工事を行う
保険代理店	🔍 火災・地震保険 ⇨ 建物の火災保険や地震保険の手続きや、ライフプランの見直し時 に生命保険の手続きを行う
税理士	🔍 税額算出　🔍 税務申告 ⇨ 税額の算出や申告を行う場合に関与することが多い

第3章 ● 不動産取引の流れを知っておこう

●法律と実務の折り合いをつける

　不動産取引を進めていくと、法律と実務で折り合いをつけるべき場面

が出てきます。たとえば手付金。法律では売主が取引終了まで勝手に使うことは望ましくないのですが、他にお金がないので充てないと引っ越しできないということがあります。その場合実務では、買主の合意を得て引っ越し代に充ててもらう方が良いでしょう。

　明確な法律違反ならダメですが、グレーゾーンにあるなら上司や先輩に対応を相談しながら、スムーズに取引ができるよう実務と折り合いをつけていきましょう。

●もう一方の視点を持てるか

　取引をスムーズに進めるために大切なことは、売主側に立つときは買主の視点を、買主側に立つときは売主の視点を持つことです。依頼者のために仕事をしていると、依頼者側の最大利益を追求するあまり、もう一方の利益を損ないがちです。それでは取引は成立しません。

　価格は相手の言い値を飲んでも、条件は相手に飲んでもらうなど、適度に WIN-WIN の関係を模索すべきです。優れた不動産の仲介パーソンほど「もう一方の視点」を持っています。

●依頼者がどの点を重視しているのかを知ること

　視点の話でもう1つお伝えします。売主と買主では不動産の売買について重視している点が若干異なります。

　売主はいくらで売れるか（価格）を重視する傾向にありますが、買主は価格だけでなく、その物件がどのような内容なのか（商品）、価格と釣り合っているか（商品と価格のバランス）といった点に着目するものです。

　売主は所有してきた、住んできた不動産は価値（価格）が高いものだと思っています。そのため常に価格で自らの不動産の価値を測る傾向が

あります。

　一方、買主はその不動産の実質的な価値を知りたがります。実質的な価値よりも高い価格なら買いたくない。つまり、「損をしたくない」。常にこう思っているのが買主です。したがって、商品を把握して実質的な価値と今の売却価格の相関性について、「〜だからこの価格です」と、ひと言助言した方が、取引はまとまりやすいと言えます。

　人の見方は千差万別ですので、必ずしもこうではない場合もありますが、どちらにしろ売主と買主がその売買において重視する点について、できるだけ早い段階で把握するように努めましょう。

**ここが
ポイント！**

**①　取引は信頼から始まる。
商品説明よりも大事なことを、
しっかりと押さえよう！**

2 売主と詰めたい「売れる価格」と「希望する価格」

　ここからしばらく、売主の立場に立って、不動産取引を成立させるまでの流れを説明していきましょう。

　売主側に立って売却活動のお手伝いをする際は、契約までの前半戦は売却価格への助言、契約後の後半戦は停止条件の成就の読みとスケジューリングが仕事のキモとなります。

●タダなら欲しい不動産かどうか？

　売却を行うにはまず価格を決めるところから始まります。不動産業者の存在理由が一番問われるところです。価格は市場動向や調査した内容、買主の心理などの諸要素が複雑に絡み合いますので、みなさんのプロとしての読みや調査活動が活かせる場面でもあるからです。

　ここで説明材料を揃え、売主が納得できる「売れる価格」を提示するようにしましょう。

　売主の言いなりになって、相場や査定から外れた価格を安易に容認してはいけません。売れないことは回りまわって売主に損をさせます。売却価格の設定次第でその後がスムーズにいくのか、それとも紆余曲折するのかが決まりますので、時間をかけてでも売れる価格に納得してもらうようにします。

「タダなら欲しいと思う不動産なら、後は価格の問題だけだ」

　新人の頃、上司に言われた言葉が忘れられません。

「価格が理由ではなく、商品が今一つなので売れないんです」

と愚痴ったときに言われたひと言でした。確かに 2,000 万円なら買わないが、0 円なら買うと言う人がいるなら、極端ではあるけど価格の問題なんだと気づきました。経験を積むほどに思い出す言葉です。

ほとんどの不動産は結局、価格次第で売行きが決まるということを、常に頭に入れておきましょう。

●媒介契約は取引上の戦略で選ぶ

売却価格が決まったらあとは媒介契約を結ぶだけです。その媒介契約には、①専任、②専属専任、③一般の 3 種類があります。いずれも有効期間は 3 カ月以内。不動産業界では①の専任媒介で契約を締結するのが一般的です。

もちろん、専属専任、一般とも取引の戦略上ではそれぞれ使いみちがあります。

専属専任媒介を結ぶと売主は他業者に重ねて媒介を依頼できない上、専任媒介と違って自己発見取引（契約中に自分で買主や売主を見つけること）を認めていませんので、価格が安く商品が良くて売れる見込みのある不動産を囲い込むときはこれを利用します。売主にとってはもっとも縛りがきびしい契約です。

逆に一般媒介はもっとも縛りがゆるく、売主は他業者に重ねて媒介を依頼することができます。一方で、指定流通機構（業者間の売買情報のネットワーク）への登録義務がありませんので、不動産業者によっては他の業者など第三者に売買を知られたくないときに利用します。法人間の売買では、一般媒介をあえて利用することが多くあります。

視点を顧客側にすると、商品や価格が良く売れやすい不動産ほど、一般媒介で多数の不動産業者に売却依頼を出した方がいいでしょう。その方が各不動産業者間で競争をするため、より高い価格で、良い買主が見つかる可能性が高まります。

それ以外の不動産は専任媒介となることが多く、顧客側にとっては専属専任媒介のメリットはないと思います。

●条件の他に「ていねいか」を見る

　販売活動を開始すると、購入を検討する顧客が現れます。物件を案内して気に入ってもらえれば、次は購入の意思や諸条件を記した書面をもらうことになります。

　書面は購入申込書（もしくは買付証明〈134ページ参照〉）と呼ばれることが多いのですが、形式や内容などは不動産業者によって異なります。①購入不動産の概要、②購入検討者の住所氏名、③価格などの諸条件、この3点を記すのが一般的です。

　売主としては価格や諸条件が気になるのは当然ですが、それよりも確認すべきは、次の3点です。

　1）誰が書いたのか

　2）条件が詰まっているか

　3）ていねいに書かれているか

　これらを通じて見極めなければならないのは「本当にこの人との間で売買契約までたどり着くのか」ということです。よく見ると、購入申込書が不動産業者の代筆だったり、買手側が細かい条件を詰めないままとりあえず作成した申込書も多いのです。

　こうした場合、かなりの確率で「やはり条件が合わないのでやめます」とか「この条件を入れて欲しい」というスッタモンダが起こります。

　一方、ていねいに書かれている申込書なら、書きながら条件を詰めているケースが多く、安心して取り扱えます。また、買いたいと真剣に考えている人ほど字がていねいです。

　本当に買う能力がある人かどうかの確認も重要です。買主が銀行から資金を調達するのが条件となる場合は、書面で済ませるだけではなく、

1回買手側業者に電話をかけ、年収を含めた属性を聞き出して、本当に融資が下りるのか、シビアに判断することも必要です。

●売渡承諾書を出すか出さないか

　買主の購入申込書に対するのが売主の売渡承諾書です。ただ、現状では業界慣習上あまり交付せず、買主宛てに提出するよう、不動産業者が勧めるケースは少ないようです。

　売主に対して売渡承諾書を交付するよう要請するのは、次のようなケースです。

　　①価格や諸条件の交渉の経緯があり、売主もきちんと納得しているかどうかを確認したいとき

　　②買主が求めてきたとき

　　③買主の購入意向をより固めたいとき

　売渡承諾書の内容は、購入申込書とほぼ同じ形式です。

ここがポイント！

② 売主にとっての不動産取引は、価格査定から始まる。タダなら欲しいと思う不動産なら脈はある。問題は価格だけだ！

3 売却の「完成」はローンなどの 停止条件が成就してから

●停止条件の成就か期限切れまでは徐行運転

　購入申込書の条件を売主・買主と詰めて同意に至れば、重要事項説明と売買契約に進みます。その際には、買主に対して身分証明書を提示してもらい本人確認をします。そのうえで、取引の目的を聞き取り、売買契約を締結します（くわしくは第6章参照）。

　取引上では売買契約の停止条件条項に気をつけます。停止条件とは、契約後一定の条件の成就によって契約の効力を発生させる条件のことで、具体的には金融機関で住宅ローンの審査が通ったら契約を成立させる「ローン特約条件」などです。

　この停止条件が成就しない限り、取引は成立しません。たとえば、売主が引越しの手配などを先走って進めてしまうと、買主のローンが金融機関で通らなかったら、契約が白紙となって引っ越せなくなることがあります。

　不動産業者としては、売主のスケジュール管理を行い、停止条件が成就するか、その期限が切れるまでは何事も徐行運転とします。

　次のようなケースが実際にありました。買主の住宅ローンが下りず、「他のお客さんを探すかもしれない」と、売主に説明に行ったところ、すでに奥さんがマンション内の友達と送別会を終えていました。
「何とかして欲しい」と言われ、私は途方にくれたものです。

　他の融資先探しに奔走した結果、買主のローンが認められ取引は成立。結果オーライですが、このときは肝を冷やしました。

●抵当権の抹消手続きは2週間前

　所有権移転登記の際に、不動産に売主の抵当権が設定されている場合は、その抹消が必要となります。一般的には売買代金で債務の返済を行い、抵当権を抹消しますので、残代金決済・所有権移転登記と同時に手続きをすることがほとんどです。

　抹消手続のためには、公庫など公的金融機関は約2週間前、民間金融機関は約1週間〜2週間前、抹消したい日から遡って手続きをしなければなりません。残代金決済・所有権移転登記日を見計らって、停止条件が成就した段階で手続きをしてもらいます。

　手続きは簡単で抹消手続書類に住所と署名捺印と返済日を記入するだけです。売主が各金融機関に電話するか、店頭に出向くと細かいことを教えてもらえます。

　抹消手続きはうっかり忘れることが多いので、不動産業者としては、しっかり案内をしましょう。

●すべて持っていくのが原則

　残代金決済・所有権移転登記時には、原則として売主は、不動産に該当しないものは残さず空家にして買主に引き渡しします。買主から残してもいいと許可を得ているもの以外は、すべて持っていくか、処分をするのが原則です。

　不動産業者としては、売主が引越し後、一度足を運び、買主が想像する室内状況になっているか、見極めた方がトラブルにならないでしょう。可能なら買主と一緒に見るのが良策です。

　また、引越しの際に残代金決済時の必要書類を紛失してしまう売主もいますので、きちんと保管するよう伝えておきましょう。

●6つの神器を忘れないように

　不動産取引の最後には、売買の残代金の授受と、それに伴う不動産の所有権移転登記を行います。基本的に、平日に手続きを行うので、休みをとってもらうなどのスケジュール調整をしっかりと行います。

　不動産業者としては、この手続きをしっかり終えて売主・買主に好印象を与え、他の顧客を紹介してもらうきっかけにしたいもの。前もって準備をしておき、当日はいわばセレモニー（儀式）とするのが鉄則です。

　手続きの場所は、振込手続きを行うため買主の利用する金融機関になります。司法書士が法務局へ書類を提出する締切時間の関係で、午前中に執り行うのが一般的です。

　その際の必要書類は、だいたい次のようになります。

　① 実印・認印

　② 身分証明書

　③ 登記済権利証（登記識別情報）

　④ 印鑑証明書

　⑤ 評価証明書（一般的に不動産業者で用意）

　⑥ 諸費用・精算の現金

ここまでがいわゆる「6つの神器」で必須となります。他に、

⑦ 返済金融機関の通帳（カード）と届出印

⑧ 住民票（登記名義人表示変更登記を行う場合）

⑨ 部屋の鍵

⑩ 物件資料

といったところが主たる持参書類です。なお、売主は認印を使う機会はあまりありませんが、一応持参してもらいます。

手続きの流れは次のようになります。

まず、売主から売買におけるいくつかの書面に署名捺印をもらい、その後登記を行う司法書士から出される登記の委任状、所有権移転登記、抹消登記に署名捺印をしてもらいます。

続いて売買残代金を受け取るため、自身の金融機関の口座に向けて、振込伝票等の記入をしてもらい、窓口で身分証明書の提示と振込手数料を収めてもらえれば、売主のひと通りの手続きは終了です。また、固定資産税等や管理費等の清算金があるなら、このときに一緒に清算をします。

しばらく経って窓口から振り込んだ旨の伝票の控えを渡されたら、売主に自身の金融機関の口座に売買残代金が着金したかを確認してもらいます。着金が確認されたら、直接か事前に預かっているカギや物件資料、設備資料を買主へ渡せば、無事売買が終了となります。

なお、残代金を現金で受け取る場合や、買主の振込元の金融機関の通帳を持っていて、そこに預け入れする場合は、振込手続きがない分、手続きは早くもっと単純となります。

ここがポイント！

③ 売主にとって、取引はスケジューリングが重要。停止条件が成立するようにコントロールしよう！

4 買主と詰めたい 「資金計画」の中身

　さて、今度は買主側に立って、不動産取引が成立するまでの過程を見ていきましょう。

　売主側に立つ場合と違い、融資や税金などお金に関する知識が問われる場面が多々あります。不動産業者としては、ベテランであるほど有利。新人は一定の知識武装が必要になります。

● 「買える不動産しか見てもらわない」が原則

　一般的に言って、購入者は「高望み」の傾向があります。資金的な裏付けよりも自分の願望を優先しがちです。

　まず、「ここら辺（立地）でこういった家（商品）に住みたい」と物件の検討から入ります。そして、自分が買える不動産よりもワンランク上の物件に目がいきます。

　そのあとに、自分で買えるランクの不動産を見て、「この程度の不動産しか買えないのか」とテンションが下がり、そのままフェードアウトしていきがちです。これでは、買主・不動産業者の双方にとって損失です。

　そこで、現実を知ってもらうためにも、物件検討と資金計画は同時並行か、もしくは資金計画を先行して行うのが原則となります。

●資金計画で聞くべきことは2つだけ

　資金計画を立てる際に把握しておくべきは、「自己資金」と「年収（額

面)」の２つです。買主からこの２点を聞いたうえで、以下の方程式の①もしくは②のどちらかを使って不動産購入資金として回せる額を算出します（くわしくは第４章参照のこと）。

不動産購入資金＝
① 借入額（年収×35%÷12÷4,132×1,000,000）
                                    ＋自己資金－諸経費
② 借入額（年収の５倍〜７倍）＋自己資金－諸経費

※①は審査金利3.5%、35年の融資期間を組める方です。
※諸経費は仲介手数料を含めて売買価格の５〜7%程度とします。

買主は購入（契約）するまでは自分の情報を出したがらないものですが、自己資金と年収ぐらいなら比較的話してもらいやすいでしょう。なお、買主がカードローンなど他の借入れを抱えていると、借入額が少なくなるので、購入資金を低く見積もる必要が出てきます。

できれば事務所で１〜２時間資金計画を立ててから、購入できる不動産を案内するのがベストです。

●掘り出し物は見方を変えれば見つかる

資金計画の次は物件案内です。物件案内には、３つの定石があります。

１）購入できそうな物件しか見せない

２）希望の８割が充足していれば良しとする

３）見方を変えたり知識を伝えれば、良い商品に変わる

この３つが定石です。１）については前述の通りです。

２）は、買主は希望が10割かなう物件を探したがりますが、億単位の額を出しても完璧な物件などなく、切りがないということです。

希望の８割がかなえられていれば良しとして、残り２割は３）でカ

131

バーします。

　3）は、図面や見ただけではわからない「えっ、そうだったんだ」と目からうろこが落ちるような見方や、新たな発見につながる知識を買主（購入検討者）に伝えましょうということ。

　たとえば、眺望が売りのマンションの1階を紹介する場合、眺望がないウイークポイントを専用庭で子供を遊ばせられる、震災時にエレベーターを使わず避難しやすいなど、見方を変えてあげることです。買主が気づかなかったメリットが浮き彫りになるでしょう。

　こうして、「今一つ」の物件が「掘り出し物」に変わります。

●意思を固めるために利用する

　物件を気に入ってもらったら購入申込書（134ページ参照）を書いてもらいます。

購入申込書の重みは売主と買主では違います。売主はすでに「売る」という決断をしているので、購入申込書を見て緊張することはないはずです。一方で、買主は購入申込書に署名捺印をする段階で初めて「買う」という重い決断をします。

　もしかしたら、人生が決まってしまうかもしれない。そういった重みのある書面がこの購入申込書です。購入申込書は代筆ではなく、買主本人に書いてもらいます。それも価格、諸条件など細かくていねいに書いてもらう方がいいのです。買主も書くことで頭の整理ができ、購入への意思が固まっていくからです。

●諸条件はとにかくすべて書く

　購入申込書には①価格、②融資の利用予定の有無と借入額、③諸条件、④売主に選んでもらうメリット、などを書いてもらいます。買主の希望することは諸条件としてすべて書いてもらうのが原則です。

　ただし、売主の気分を害する事柄は省きましょう。たとえば、「部屋が汚いのでクリーニングをして引き渡して欲しい」とは書きません。その代わり、価格で値引いてもらいます。

　売れ筋の不動産に対しては、売主側の選択権が大きいため、自分に売ってもらうメリットも書き添えておくといいでしょう。「融資は事前審査に通っておりますので決済までの問題は少ないです」「購入資金は現金で用意してあります」など、他の検討者と比べて有利な点をアピールするのがポイントです。

　書き方次第で購入額のハンディを克服したケースもあります。

　かつて、２件同時に購入申込みを受けたときのことです。売主は、意外にも数十万円安い方を選びました。

　決め手は、購入申込書の余白に書かれていた「○○様の想いを引き継ぎご自宅を大事にていねいに使わせていただきます」というコメントで

不動産購入申込書

令和 ○ 年 3 月 31

かんき不動産販売　御中

私は、貴社より紹介を受けております下記表示不動産を、下記条件にて購入することを申し込み、
交渉を貴社に依頼します。尚、貴社の「個人情報の取扱い」について内容を確認し了承しました。

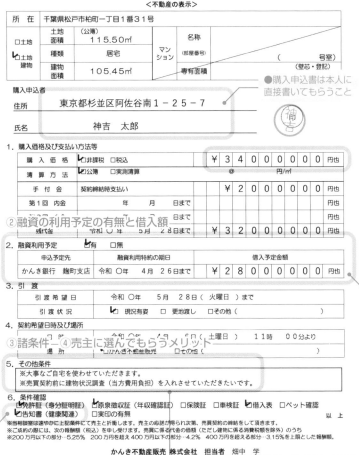

<不動産の表示>

所　在	千葉県松戸市柏町一丁目1番31号			
□土地 ↳土地 建物	土地 面積	（公簿） 115.50㎡	マン ション	名称 （部屋番号）
	種類	居宅		
	建物 面積	105.45㎡		専有面積

（　　　　号室）
（壁芯・登記）

●購入申込書は本人に
直接書いてもらうこと

購入申込者

住所　　東京都杉並区阿佐谷南1-25-7

氏名　　神吉　太郎　　㊞

1．購入価格及び支払い方法等

購 入 価 格	↳非課税 □税込	¥ 3 4 0 0 0 0 0 0 円也
清 算 方 法	↳公簿　□実測清算	＠　　　　　円/㎡
手 付 金	契約締結時支払い	¥ 2 0 0 0 0 0 0 円也
第1回 内金	年　　月　　日まで	円也
	日まで	円也
残代金	令和 ○ 年　5 月　28日まで	¥ 3 2 0 0 0 0 0 円也

②融資の利用予定の有無と借入額

2．融資利用予定　↳有　□無

申込予定先	融資利用特約の期日	借入予定金額
かんき銀行　麹町支店	令和 ○年　4 月 26日まで	¥ 2 8 0 0 0 0 0 0 円也

3．引　渡

引 渡 希 望 日	令和 ○年　5 月　28日（ 火曜日 ）まで
引 渡 状 況	↳　現況有姿　□　更地渡し　□その他（　　　　）

4．契約希望日時及び場所

③諸条件－④売主に選んでもらうメリット

	令和 ○年　4 月　6日（ 土曜日 ）　11時　00分より
場　所	□自宅　↳かんき不動産販売　□その他（　　　　　　）

5．その他条件

※大事なご自宅を使わせていただきます。
※売買契約前に建物状況調査（当方費用負担）を入れさせていただきたいです。

6．条件確認

↳免許証（身分証明証）　↳原泉徴収証（年収確認証）　□保険証　□車検証　↳借入表　□ペット確認
↳告知書（健康関連）　　□実印の有無

以 上

※当相談室は速やかに上記条件にて売主と折衝します。売主の応諾が得られ次第、売買契約の締結をして頂きます。
※ご成約の際には、次の報酬額（税込）を申し受けます。売買に係る代金の価額（ただし建物に係る消費税額を除外）のうち
※200万円以下の部分…5.25％　200万円を超え400万円以下の部分…4.2％　400万円を超える部分…3.15％を上限とした報酬額。

かんき不動産販売 株式会社 担当者　畑中　学

●融資を利用する場合は、
団体信用生命保険の加入
も考え、健康に問題ないか
を事前に確認すること

●希望する諸条件は
すべて書くこと

●融資の予定がある場合
は、仮でも良いので金融機
関や借入額を明示する

した。売主は、数十万円の差なら気持ち良く家を使ってくれる人に譲りたいと判断したのです。

購入申込書をおざなりな気持ちで書いてもらってはいけません。

●購入条件が厳しいときは売渡承諾書をもらう

購入申込書を提出し交渉で条件が合意に達したら、その条件で売り渡すことを納得した旨の売渡承諾書を売主からもらいます。ただし、売渡承諾書は業界慣習上はあまり利用されていません。作成を売主側に拒否されることもありますので、その場合は早めに契約へ移行するのが賢明でしょう。

ただ、厳しい交渉の末に売却の同意を得た場合や、売れ筋の不動産で複数の検討客がいるような場合には、不動産業者の立場から、売渡承諾書を作成してもらって念を押し、取引を確実なものにしましょう。

それは、「やはり同意できない」「勘違いをしていた」「他の検討客に変更したい」などと売主が言い出すことがあるからです。こうなると、買主からきちんと確認したのかと追及される恐れもあります。

トラブル防止の意味合いからも、売渡承諾書はできるだけ書いてもらいましょう。

ここがポイント！

④ 買主側の取引は、資金計画から始まる。一人前への近道はお金に関する知識を磨くこと！

REAL ESTATE

5 買主のはやる気持ちを抑えて 購入の「完成」までは徐行運転を

●健康状態の確認と媒介契約を忘れずに

　買主に住宅ローンの借入れが必要な場合は、売買契約へ進む前に融資の事前審査を行います。事前審査の詳細は第4章へと譲りますが、このタイミングで健康に問題がないかを併せて尋ねておきます。

　問題があれば、この段階で団体信用生命保険（借入者が亡くなったら保険でローンを一括返済してくれる保険）の審査を先行させます。

　健康上の理由で団体信用生命保険の加入が不可となれば、利用できる住宅ローンの商品は限られてしまいます。借入れありきの購入であれば、売買契約前に健康上の問題があるかどうかを明確にしておいた方がいいでしょう。不動産業者としては、売買契約前に仲介手数料を請求する根拠となる媒介契約書を結んでおきます。買主とは売買契約の直前に締結することが多いですが、締結は早ければ早いほど良いでしょう。

●4つの諸検査を行うか検討する

　主に中古戸建を購入する際、売買契約前に次ページに紹介する建物状況調査をはじめ、4つの諸検査（詳細は138ページの表参照）を行うことがあります。売買契約後にもできますが、もし検査で不適合であれば税控除や保証、ローンが受けられないので、「それならば購入しなかった」とトラブルになることがあります。そのため、買主と相談をして必要な検査は売買契約前に受けておきましょう。

　検査にかかる時間はおおむね2〜3時間ほど。費用は数万円〜十数万

円かかります。建物状況調査以外は、不適合（不合格）なら費用が無駄
になることがあります。

●建物状況調査の検査事例

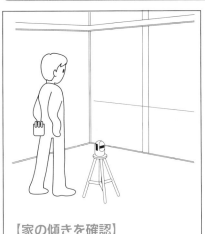

【家の傾きを確認】
柱と床の水平垂直を見て
家の傾きがないかを確認する

【床下を確認】
床下を見て基礎や土台、床に
問題がないかを確認する

【屋根裏を確認】
屋根裏を見て
雨漏りがないかを確認する

【設備を確認】
設備を動かしてみて
故障がないかを確認する

137

検査名	目的	取得できる書類
建物状況調査	現在の建物の状態を確認するため	建物状況調査報告書
耐震基準適合証明書の検査（耐震診断）	適合すれば築年数で適用外になった住宅で住宅ローン控除等を利用できる	耐震基準適合証明書
既存住宅売買瑕疵保険の検査	検査に合格して保険料を支払えば、構造部分で瑕疵が生じたとしても修繕費に補償料が支払われる	付保証明書
フラット35適合証明の検査	適合すればフラット35（住宅ローン）を利用できる	フラット35適合証明書

●停止条件成就までは同じく徐行運転

　売主と買主で条件の合意ができれば重要事項説明と売買契約へと進みます。その際、売主からは運転免許証などの顔写真付身分証明書、登記済権利証、印鑑証明書を確認し、写し（コピー）をもらいます。

　なお、売主の場合と同じく、買主に対しても停止条件の成就まではスケジュール管理を厳しくします。リフォームや引越しの手配は終わったけれども、住宅ローンが下りませんでした、では目も当てられません。買主は契約後、一種の興奮状態になります。「行動をセーブしてください」と念押ししていたのに家具を買っちゃって、というのもよくあることですので、徐行運転してもらうように徹底します。

　なお、借入れをする場合は、売買契約後すみやかに住宅ローンの本審査へ入れるように案内しておきましょう。

●購入資金を用意する

　停止条件が成就したら、後は残代金決済と所有権移転登記へと進みます。売買代金や諸費用に充当する資金を用意し、必要書類を取得します。

　買主が住宅ローンを利用する場合は、この時期に借入れの契約（金銭消費貸借契約。略して金消契約）を行います。手続きは、平日のそれも17時までとする金融機関が多いので、場合によっては買主に半休を取ってもらいます。

　なお、決済場所は買主が指定することになりますので、利用する金融機関を決め、売主に決済場所として伝えておきます。

　融資とセットならば快く会議室などを貸してくれますが、現金決済の場合は金融機関も儲けにならないので冷たく、窓口でやってくれというケースもありますので注意してください。

●賃貸借契約の解除

　買主が賃貸住まいの場合、引越しの1カ月前に契約の解除を申し入れることになりますが、停止条件が成就するまでは見合わせてもらいます。また、購入物件をリフォームするなら、その工事期間から逆算して引越しのタイミングや賃貸契約の解除時期を決めてもらいましょう。

●部屋の中を見ておく

　売主が引越しをしたら、買主と一緒に内覧をさせてもらいます。その際に、買主との合意がなく残されている物があれば、売主へ撤去か処分を求めます。

　断られた場合は、自分で撤去や処分をし、かかった代金分を残代金の振込時に保留とするか、あるいは、引き渡しを断る場合もあります。約

束は約束として売主に履行を迫りましょう。

●残代金決済時に用意するもの

残代金決済・所有権移転登記が終われば、購入は「完成」します。売主の場合と同様に事前準備をしっかり行い、セレモニーにしてしまいましょう。

必要書類は売主より少なく、主に以下のものになります。

① 実印・認印

② 身分証明書

③ 住民票

④ 振込金融機関の通帳（カード）と届出印

⑤ 売買代金・諸費用・精算金の現金

不動産業者はカギや物件資料、設備資料、マンションの場合は区分所有者変更届出書（売主の署名捺印を忘れずに）、オートロックや機械式駐車場のカギを、売主から事前に預かっておき、手続き終了前に買主へ渡します。

手続きの終了後、登記関連書類は司法書士の手によってその日のうちに法務局へ提出され権利は移ります。ただし、権利移転後の登記識別情報は約1～2週間後に発行され、司法書士の手を介して買主の手元に届きますので、買主には、タイムラグがあることの理解を求めておきます。

●ガス開通後すぐに設備機器の確認をする

引越しを終えたら、不動産業者は買主にガスの開通と設備機器の点検をしてもらいます。故障や不具合が見つかった場合、売買契約で定めている保証期間内であれば売主の責任で対応してもらうことができ、費用も先方負担となります。

保証期間はおおむね1週間としている売買契約が多いので、引越し後すみやかに確認を行いましょう。

　不動産も「生き物」ですので、売主の生活リズムに慣らされ、順応しています。そこに新しい所有者となる買主が現れて利用し始めるので、最初の頃にはとまどい不具合を起こすことが多いようです。

　こうした場合も大騒ぎせず、全く使えないものだけ売主に請求するようにします。買主が居住することに設備機器が慣れた結果、不具合が収まることも多いからです。

⑤ 買主側の取引も、スケジューリングが最重要。買主の早まる気持ちを理解して、鎮めながらの徐行運転を！

6 「最後の80万円」で決まる 値引きの不動産心理学

プロ野球の東北楽天イーグルスなどで監督をされた野村克也氏の著書に次のような言葉があります。

「カウントごとに、投手と打者の心理は、まるでシーソーのように変化する」(『野村克也 野球論集成』徳間書店)

野球と同じように不動産取引にも状況に応じた買主の心理があり、それを見極めて対応することが重要です。

買主の頭の中は合理的な判断だけではなく、「買って損はないのか」という不安感と「この家に住みたい」といった所有欲を中心にさまざまな感情が渦巻いています。こうした合理的・非合理的な面が絡まりながら購買するかどうかを決めています。

一方、売主は手放すのだから所有欲はありません。損をするかしないかの不安感は買主から提示された価格を見て合理的に判断して、解消することができます。したがって、買主に比べれば、感情に左右されるケースは少ないと言えます。

●常に所有欲を刺激していく

買主心理は6つの状況によって変化するものと考えています。その6つについては、次ページの表に整理しておきました。

買主側に立つ不動産業者としては、この各々の状況に上手に対応できれば、不意の出来事に備えられるだけではなく、成約までの確率があがるはずです。

とくに留意すべきは、所有欲を不安感よりも高くしておく（所有欲＞不安感）ことです。不安感が所有欲よりも高くなると、「やっぱりやめます」という断りの電話に帰結します。

不安感とは買主1人の問題ではなく、その世帯全員で共有される感情を指します。ご主人に不安がなくとも、奥さんの不安が強ければ、購入まではたどりつきません。

家族の総意として、所有欲と不安感のどちらが強いのか、常に注意を向けましょう。

●買主の購買心理

段階	不安感と所有欲		買主の購買心理状況 【契約まで不動産業者が行うこと】
	不安感	所有欲	
① 物件検討 物件案内	低	低〜中	【所有欲を刺激していく】 ・不動産を見れば見るほどテンションが高まる ・1〜2件の案内ではもっと良いものがあるかもしれないと不安を感じる。5件以上からもう十分と思うようになる ・安心材料としてネット情報に頼る。メリットよりもデメリット情報に敏感
② 再案内	中	中	【所有欲を刺激しながら不安感を消す】 ・両親や友人に相談する。相談者には知識よりも信頼できるかを重視する ・自分の生活をイメージして見ているので、所有欲は高まっている。また、購入に真剣なほど子供のいる買主は必ず連れてくる ・損をしたくない一心で、不動産のあら探しを始める、細かい質問が多い時期
③ 購入申込 ※契約から 1〜2週間前	中〜高	中〜高	【不安感を徹底的に消す】 ・③④は所有欲よりも不安感が高い時期 ・損をしたくないが、どうしても欲しい微妙な時期。今までになかった諸条件を持ち出してくることがある ・本当にいいかどうかわからないので（自分の判断に自信が持てない）、誰かに背中を押してもらいたい ・この時期は、女性よりも男性の方が慎重 ▼

④ 契約直前 ※契約から 1日～3日前	超高	中	【不安感を徹底的に消しながら 　所有欲を高めていく】 ・不安感がピークに達する時期。売買契約まで 　での期間が長いほど、耐えられなくなって購 　入キャンセルへ傾く ・購入をやめるなら今しかないと思うようにな 　る。マリッジブルーと同じ症状 ・購入へ揺れているようなら、適度に会って話 　をしていく。家族内の話し合いは極端な結 　論になることが多い ・男性よりも女性の方が直前の購入キャンセル 　をしやすい
⑤ 売買契約	低～中	高	・不安感は雲散霧消している ・テンションが上がり続け、瞬発的な興奮状態 　になることが多い。買主の勇み足をセーブす 　ることが大切
⑥ 残代金決済・ 所有権移転 手続き・引き渡し	低	超高	・所有欲のピークで買主が一番幸せを感じる 　時期、家に住み（不動産を利用）始めるとテ 　ンションが下がり、2～3週間で日常となる

●端数の「80万円」は買主に対する鎮静剤として使う

　所有欲、不安感の2つの軸で考えると、買主が値引きを求めることができる余力を残しておくことは不可欠だと言えます。

　購入申込から売買契約まで、買主は常に不安感が強い状態です。値引きの実現によって得した気分になれば不安感が静まり、売買契約まで進む可能性が高まります。

　したがって、よく見受けられる購入価格「2,580万円」の値引幅「80万円」は契約に至るには不可欠なポイントだと言えるでしょう。

●不動産の購入は心理学の範疇

　このように不動産購入は心理学の範疇にあると言えます。

　買う側にとっては、物理的な必然で買い求めることは少なく、「良い

家があったら買いたい」「良さそうな時期だからもう一棟」と、心理的な側面で動いています。

したがって、購買意欲を高めるようデザインを重視するなど、感情に働きかけることがますます重視されています。

私たちもより一層、顧客の心の動きを把握して、対応していかなければなりません。

ここが
ポイント！
⑥ 不動産は決して損得だけで買うものではない。業者としては、所有欲や不安感などさまざまな感情に目を向けよう！

7 不動産の取引では 「ついてもいいウソ」 がある!?

●成約の視点から取引を考える

「合成の誤謬」という経済用語があります。ウィキペディアで引いてみますと、「ミクロの視点では正しいことでも、それが合成されたマクロの世界では、かならずしも意図しない結果が生じること」と書かれています。

　不動産の交渉もそれと似ている面があります。1つ1つは正しく真面目に対応していても、結果として成約にならないということがよくあります。理由を探ると、売主・買主のそれぞれが成約に求めていることに対する理解が欠けているからです。

　不動産取引のプロの世界では、どんなに頑張っても成約に至らなければ仕事をしていないことと同じです。必ず「成約する」という視点をもって取引に臨みましょう。

●新人が必ず陥る 「交渉の失敗」

　不動産業者の新人仲介パーソンが、交渉で必ず失敗するパターンがあります。その中身を上司との会話をもとに再現してみましょう。

新人：「買主のA様から『室内が汚いのであと150万円値引きして欲しい』と言われました。売主のB様にそのまま伝えたら少し怒ったようで『もうその方はいいので他の人を探してください』と言われてしまいました。どうしましょうか?」

上司：「そんな言葉をそのままＢ様に伝えたら、気分を害するに決まってるだろう！　だいたいＢ様の奥様の立つ瀬もなくなるだろう」

新人：「でも、Ａ様がそう言うので正確に伝えておかなければと思いまして……」

　ここで出てくる上司とは私のことです。この契約直前までいっていた取引は、当然のごとくご破算となりました。

　これはいわゆる"伝書鳩症候群"と呼ばれるものです。「売主・買主双方の言葉をそのままもう片方に伝えなくても良い」ということを教えておけば、この案件は成約したものと思います。

●「ウソでないウソ」はついても良い

　売主・買主双方と価格や諸条件の交渉をしていると、相手方の気分を害するような言葉が飛び出してくることがあります。

　典型的なパターンとしては、買主から「部屋が汚い」「臭いがする」「相場より高くてふっかけられている」などの言葉が出た後に、値引きや付帯要求をしてくるケース。

　よくよく話を聞いてみると、値引きや付帯要求が先にありきで、物件に対する批判は後付け、というケースも多いのです。不動産業者としては、売主・買主双方の気分を害するような言葉の仲介は厳禁です。

　伝えたら最後、感情がこじれて交渉は進みません。また、不動産業者に対する売主・買主双方からの信頼も失墜するでしょう。

「何でコイツはこんな不快なことを言ってくるんだ。そんなことを言われるために仲介を依頼したんじゃないぞ！」

　となって売却や購入の依頼が取り消されるかもしれません。

　こうしたケースでは、要望の内容をオブラートに包んで、「買主様は、『（別の理由）～だから150万円ほどご協力いただければ』とおっしゃっ

ていますがいかがでしょうか」と伝えればいいのです。

ウソでない「ウソ」はついてもいいのです。

●気持ち良く取引してもらうのが目的

もちろん、不動産業者には「信義誠実の原則」があるので、交渉という重要な局面では全くのウソはつけません。ですから、言い方を変える、オブラートに包む程度に留めておかなければなりません。

先ほど紹介した新人仲介パーソンの例でいえば、売主には、次のように伝えたら話がうまく進んだのではないでしょうか。

「買主様は自分好みの壁紙やフローリングに変えたい意向なのですが、150万円ほど現金が足りないようです。それでも、どうしても素敵な家なので、ぜひ購入したいと言っています。どのようにいたしましょうか？」

"汚い"というネガティブな言葉の裏にあるのは、クロスやフローリングを張り替えたいという買主の要望です。ならば、ネガティブな表現は使わず、要望のほうを伝えればいいのです。

不動産業者が物件を仲介する際に最も重要なことは、売主・買主の双方に気持ちよく取引してもらうこと。小さいことにとらわれて、大きいことを失っては意味がありません。

気持ちよく取引してもらうことを、優先して考えましょう。

ここが
ポイント！⑦

言い方を変えることは、ウソではない。
当事者たちが気持ちの良い取引ができて、初めて満点となる！

8 取引成立と思ったら起こる「買い付け共鳴現象」とは

不動産取引を長年やっていると、あれ今回も起きた……と同じような現象に出会うことがあります。その中で1つだけ「買い付け共鳴現象」について取り上げてみます。名前は私が勝手につけたのですが、ベテランの方なら一度は体験したことがある現象だと思います。

●同時に複数の購入申込みが来る

買い付け共鳴現象とは、「一人買いたい人が現れるともう一人買いたい人が現れる」という現象のことです。

買いたい人がもう一人で済むのならいいですが、二人、三人ということもあるから厄介です。私は1年に1回はこの現象に遭遇します。

たとえば、融資が付きにくいので現金で買える顧客を探していた借地権付き建物がありました。引き合いはいくつかあったのですが、いずれも申込書をいただくまでには至らず、1年ほどが経ってしまいました。

そろそろどうにか売らなければと思っていた矢先、ある不動産業者から、「買いたいというお客様がいるのでこれから購入申込書を流します」といううれしい電話が入ります。

ようやくこれで売れるか！ と盛り上がっていたら、10分ぐらいしてからもう1本電話が鳴りました。「○○不動産ですが、これから買い付けを入れさせていただきますので、よろしくお願いします」とのこと。

1年近くも買手が決まらなかった物件に、同時に2本の申込み（買い付け）が入るとは。世の中うまくいかないものです。

第3章 ● 不動産取引の流れを知っておこう

また、次のようなこともありました。

10カ月ほど売れずに残っていた、立地条件が厳しい不動産がありました。ある顧客にその物件を案内したところ、とても気に入ってもらいました。案内の翌々日である火曜日の夕方には購入申込書をいただきました。

日曜日の夜の時点で、まだ売れていないことを確認していた私は、「まさか昨日、今日で他に申込書なんて入ってないだろう」と考え、申込書をFAXしてからその物件の所有者に電話したところ、

「すみません、今日の朝買い付け入っちゃって。1回断られたお客さんのようなんですが、やはり買いたいということになって。なぜ、ここにきて引く手あまたなんでしょうね……」

という答えが返ってきました。こんなことなら日曜日の夜に無理してでも購入申込書をもらうべきだった、と後悔したものの後の祭りでした。

●なぜ、このような現象が起きるのか

買い付け共鳴現象とは、一度購入申込み（買い付け）を受けると、他にも買いたいと思っている人に共鳴したかのように、次々と購入申込書が集まってくることです。

安くて誰もが良いと思う不動産なら、買いたい人が複数現れてもおかしくないのですが、多少難がある不動産でもこういうことがそれなりの頻度で起こるので不思議です。これはなぜだろうと思い、この道20年という先輩に話を聞いたところ、次のような答えが返ってきました。

「果物が熟すと匂いを発して方々から昆虫を引き寄せるだろう。それと同じで、不動産も一定期間すぎると適当な価格まで下がって値ごろ感が出てくるんだ。何回かの広告掲載で認知度が上がっているともなれば、見込み客にその存在が知れわたる。つまり、熟した（買いやすい）状況が生まれるわけだ。それで同時期に複数の人が買いたいと言い出すんだ

と思う」

　なんとなく納得できるたとえ話ではあります。

　この現象から学ぶべきことは、一度「買いたい」という話になったらサクサク進めた方がいいということです。

「買うのを焦らす」というのとは、話が本質的に違います。すみやかに、テンポよく交渉を進めて契約に結びつけましょう。

ここが
ポイント！

⑧　買いたいとなったらテンポよく買っていただく。不動産の仕事とはタイミングとテンポ！

9 「取引で必要になる書類」は 事前に伝えておこう

　新人時代はお客さんに用意してもらう必要書類がわからず、質問され て悩むことが多いと思います。それは、その書類が必要となる理由を理 解していないからです。理由がわかると、お客さんに自信をもって伝え ることができ、結果として喜んでいただけます。

　そこで、不動産の取引において「どのような書類が」「何部ほど」「何 のために必要なのか」について説明していきます。

　まず、「売買契約」「融資審査」「残代金決済・所有権移転」のそれぞ れのタイミングで必要となる書類を下表にまとめました。

●不動産取引における必要書類等

○……必要　△……場合によって必要　×……必要ない

		必要書類	売　主	必要な理由	買　主	必要な理由
契約時	本人	実印・認印	○	押印に使うため。売買契約など買主と取り交わす書類の署名捺印はすべて実印で行う。認印は主に買主以外との書類に利用する ※代理の場合は受任者の実印・認印のみ	○	押印に使うため。売主と交わすすべての書類は実印が原則、ただし、現金での購入では認印でも構わない。売主以外との書類は認印で構わない ※代理の場合は受任者の実印・認印のみ
		身分証明書	○	本人確認のため。免許証など顔写真付のものが必要。顔写真付でないものは2種類用意してもらう ※代理の場合は受任者の身分証明書のみ	○	本人確認のため。免許証など顔写真付のものが必要。顔写真付でないものは2種類用意してもらう ※代理の場合は受任者の身分証明書のみ

契約時	本人	印鑑証明書	○	実印と住所の確認を行うため。決済予定日より3カ月以内のものを1部。市区町村役所（場）で取得してもらう※代理の場合は、委任者と受任者の印鑑証明書を1部ずつ用意する	×	買主は必要ない※代理の場合は委任者と受任者の印鑑証明書を1部ずつ用意する
		登記済権利証登記識別情報	○	買主に所有者本人であること、後日決済をなにごともなく行えることを証明するため。できるだけ原本持参が好ましい	×	買主は関係ない
		収入印紙	○	売買契約書に貼付するため。郵便局で購入してもらう	○	売買契約書に貼付するため。郵便局で購入してもらう
		手付金	×	売主は関係ない	○	売買の手付金は売買契約と同時に交付するため現金か預金小切手とする※代理の場合も必要
		その他	△	手付金の領収書、物件の資料、固定資産税納税通知書（税額）など	△	買主側では原則として持参すべきものはない
	代理契約の場合に追加で必要な書類		○	委任者から実印で署名捺印された委任状の原本。委任者の印鑑証明書は不可欠	○	委任者から実印で署名捺印された委任状の原本。委任者の印鑑証明書は不可欠
	成年後見人の場合に追加で必要な書類		○	3カ月以内の後見登記事項証明書が必要。可能なら処分許可審判書も。なお、代理の場合と同じく後見人の実印・身分証明書・印鑑証明書（3カ月以内）なども必要になる	○	3カ月以内の後見登記事項証明書が必要。なお、代理の場合と同じく後見人の実印（認印）・身分証明書なども必要になる
融資時			×	売主は関係ない	○	融資が必要な場合は、各金融機関に指定された必要書類を用意する

▼

		必要書類	売　主		買　主	
				必要な理由		必要な理由
決済時	本人	実印・認印	○	押印に使うため。登記関連書類の署名捺印はすべて実印で行う。認印は登記以外の書類に利用する ※代理の場合は受任者の実印・認印のみ	○	押印に使うため。登記関連書類は実印が原則だが、現金での購入では認印でも構わない。登記と融資以外の書類は認印で構わない ※代理の場合は受任者の実印・認印のみ
		身分証明書	○	契約時と同じ ※代理の場合は受任者の身分証明書のみ	○	契約時と同じ ※代理の場合は受任者の身分証明書のみ
		印鑑証明書	○	契約時と同じ ※代理の場合は委任者と受任者の印鑑証明書を1部ずつ	△	融資を受ける場合のみ1部必要となる ※代理の場合は委任者と受任者の印鑑証明書を1部ずつ
		住民票 （住民票の除票・戸籍の附票・戸籍謄本）	△	登記名義人表示変更登記が必要な場合のみ1部必要。本籍地・マイナンバーは省略で構わない。市町村区役所（場）で取得してもらう。 なお、住民票で現住所と登記簿上の住所氏名との繋がりが確認できない場合は、住民票の除票か戸籍の附票、戸籍謄本が必要 ※代理の場合は委任者のものを用意	○	登記を行うために1部必要。本籍地・マイナンバーは省略で構わない。住民票の住所氏名で登記されるため、必要な場合は新住所に住所を移してから市町村区役所（場）で取得する ※代理の場合は委任者のものを用意
		登記済権利証 登記識別情報	○	登記に使うため。原本を持参する ※代理の場合も原本を用意	×	買主は関係ない

▼

決済時	本人	評価証明書	○	登記の際に法務局へ提出するため。一般的には不動産業者が用意する	×	買主は関係ない
		通帳と届出印（カード）	△	残代金が着金したかどうかを確認するため。抵当権がある場合は、抵当権者が指定した金融機関のものが必要	○	売主への残代金を支払うため。融資の場合は不可欠。なお、届出印を間違えることも想定して、カードを用意する
		残代金・精算金	△	固定資産税等や管理費等などの精算がある場合のみ精算金を用意※代理の場合も用意	○	残代金は必ず用意（通帳内も含め）。固定資産税等や管理費等などの精算があればその精算金も用意※代理の場合も用意
		その他	△	残代金の領収書、物件の資料、カギなど	○	マンションの場合、区分所有者変更届など
	代理契約の場合に追加で必要な書類			原則、売主側の代理決済は行わないが、事前に売主本人が登記関連書類に署名捺印を行い、当日受任者が手続きだけを行うことはある。その場合は、委任者から実印で署名捺印された委任状の原本と委任者の印鑑証明書が必要		委任者から実印で署名捺印された委任状の原本。委任者の印鑑証明書は不可欠。現金決済以外は金融機関の承諾がない限り代理決済はできない
	成年後見人の場合に追加で必要な書類		○	3カ月以内の後見登記事項証明書、処分許可審判書が必要。なお、代理の場合と同じく後見人の実印・身分証明書・印鑑証明書（3カ月以内）なども必要	○	3カ月以内の後見登記事項証明書が必要。なお、代理の場合と同じく後見人の実印（認印）・身分証明書なども必要

●本人確認のトライアングル

本人確認は①実印、②身分証明書（顔写真付き）、③印鑑証明書、の3つで行います。

155

確認方法＼記載事項	印影	住所	氏名	顔写真
①署名捺印	◯	◯	◯	
②印鑑証明書	◯	◯	◯	
③身分証明書		◯	◯	◯
本人	●印影から住所・氏名を通して顔の確認をすることで本人と確認する			◯

　上の表の流れで、署名捺印時に「本人」「住所」「氏名」「押印」の4つが確認できます。この4つが合っていれば不動産取引上、本人確認が成立します。ただし、買主が現金で購入する場合、本人でなくとも売主は損をしませんので実印・印鑑証明書は必要ありません。

　なお、本人確認においては身分証明書、印鑑証明書のいずれについても、必ず原本であるかどうかの確認をします。その上でコピーを取るようにします。

　売主・買主が決済時に原本を忘れた場合、融資の実行や所有権移転登記ができません。一方、売買契約時には原本を忘れても契約自体は執り行えます。ですが、売主が万一本人でないと手付金を持ち去られてしまいますので、慎重な本人確認が必要です。

　不動産業者としてはその日中に身分証明書の原本を確認できなければ、買主から売主への手付金の交付を留保するのがいいでしょう。

●登記済権利証等を紛失した場合の代替手続き

　売主が登記済権利証等を紛失していることがあります。その場合でも、司法書士や公証人が売主（登記義務者）と面談して、本人であることを確認できれば、所有権移転自体は何の問題もなくできます。

　ただ、この作業に伴う費用が数万〜十数万円ほどかかりますので、よけいな費用をかけないよう、早目に登記済権利証等の確認を依頼し、なければ探してもらいましょう。

●代理契約では受任者の印鑑を持参してもらう

　成年後見人による契約など代理契約では、次の4種類の書類が必要になります。

　売主を委任者、代理人を受任者とすると、「委任状（委任者から受任者へ委任した旨を記載。実印を押印）」「印鑑証明書（委任者）」「身分証明書（受任者）」「実印（受任者）」です。

　このうち、後ろの2つはついつい忘れてしまいがち。売買契約書には代理人が署名捺印をするので、身分証明書と実印は必ず持参すべし、と覚えておきましょう。

ここが
ポイント！
⑨

なぜその書類が必要か？　なぜその枚数が必要か？　お客さんに説明する前に何度も自問自答しよう！

10 売買にかかる諸費用はどれくらい？

　売買にかかる諸費用はいくらかかるのでしょうか？　おおまかに売買価格の５〜７％と出す人、個別に見積りを取ってから提示をする人がいます。

　ただ、できればその場で項目ごとに概算費用を提示していった方がお客さんから喜ばれますし、さすがプロと話の内容への説得力が増します。

　そこで諸費用の項目や計算方法を図表にしました。参照してください。

●費用の計算方法

	費用項目	**1 計算方法** **2 注意事項**	**❶根拠書類** **❷注意事項**
■売買契約時			
1	仲介手数料	**1** 成約価格×３％＋６万円＋消費税 **2** 契約時に半金、残代金決済時に半金とする会社が多い	各不動産業者の取り決めによる
2	収入印紙	**1** 売買価格により税額が確定 **2** 売買契約書に貼付する	**❶**国税庁ＨＰより **❷**郵便局等で購入 ※軽減措置に注意
■住宅ローンなど借入れをする時			
1	融資事務手数料	**1** ０円（無料）〜５万円＋消費税 　もしくは 融資額の数％＋消費税 **2** 融資実行時に支払う	各金融機関の取り決めによる
2	収入印紙	**1** 融資額および特約により税額が確定 **2** 金銭消費貸借契約書に貼付	**❶**国税庁ＨＰより **❷**郵便局等で購入

3	保証料	■ 融資額の数%（2〜3%が多い）程度 ■ 融資実行時に支払う。金利に内包する場合は不要	各金融機関の取り決めによる

■残代金決済時・所有権移転登記時

1	所有権移転登記費用	■ 登録免許税※1＋司法書士報酬※2 ■ ※1 評価額（土地・建物）×（0.3〜2％）。税率は住宅取得軽減の特例適用を要確認。適用を見極めるため登記事項証明書の築年数等を参照 ※2 報酬の目安は価格約2,000万円前後の単純売買だと12万円前後	❶評価証明書（もしくは固定資産税納税通知書）の評価額欄、登記事項証明書を参照 ❷税率は国税庁ＨＰ、市町村区役所（場）で発行される「税額の手引き」を参照
2	抵当権設定登記費用	■ 登録免許税※1＋司法書士報酬※2 ■ ※1 評価額（土地・建物）×（0.1〜0.4％）。税率は住宅取得軽減の特例適用を要確認 ※2 報酬の目安は融資額によって変化なく数万円程度	❶金銭消費貸借契約書における確定融資額をもとに計算
3	抵当権抹消登記・住所変更登記	■ 1本につき約1万円前後 ■ 司法書士および手続きの煩雑さによる	登記不要な場合、費用はかからない
4	火災保険料	■ 損害保険代理店による見積り ■ ※耐火性、面積、評価額、築年数で金額が異なる ※目安：10年期間でマンションは10万円前後、戸建は20万円前後	建築確認通知書と登記事項証明書によって各損害保険代理店が算出
5	不動産取得税	■ 評価額（土地建物）×3%※1※2 ■ ※1 税率は住宅取得軽減の特例適用を要確認 ※2 新築物件や築年数が浅い不動産はほぼ税金がかからない。反面、昭和56年12月31日以前築の不動産は税金がかかることが多いので、計算が不可欠 ▼	❶評価証明書（もしくは固定資産税納税通知書）の評価額欄、登記事項証明書を参照 ❷税率は国税庁ＨＰ、市町村区役所（場）で発行される「税額の手引き」を参照

第**3**章 ● 不動産取引の流れを知っておこう

159

	費用項目	❶ 計算方法　❷ 注意事項	❶根拠書類　❷注意事項
6	固定資産税・都市計画税の精算金	❶ 年税額 × (1－経過日数※1/365)※2 ❷ ※1　1月1日から決済前日までの経過日数で算出 ※2　うるう年は366日で計算する	❶固定資産税納税通知書の税額もしくは公租公課証明書の税額を参照 ❷公租公課証明書の税額は端数の取り扱いに注意
7	管理費・修繕積立金の精算金	❶ 管理費等 × 月の経過日数※1/ 月の日数 ※2 ❷ ※1 決済当月の1日から決済前日までの日数 ※2 決済当月の日数。1月は31日で計算する	❶重要事項報告書もしくは支払通帳の写しで必ず金額を確認 ❷修繕積立金は一時金支払いもあるので注意
8	引越費用	❶ 引越業者の見積り ❷ 4人家族（夫婦＋子供2人）で15万～20万円程度を見る。DINKS2人家族（夫婦）は10万円程度	❶内見による引越業者の見積りを取る（季節変動があるので注意）
9	その他	リフォーム費用、電気水道ガス工事、家具購入費を概算で見積もっておく	

※固定資産税評価額は固定資産評価基準により評価、決定された価格です。
「価格」と表示されていることもあります。

ここがポイント！ ⑩

売買にかかる諸費用をしっかり把握しておこう！

不動産と
切っても切れない
融資の基礎知識

不動産取引は、
銀行の気分次第!?

 :「先輩、なんか書類が落ちましたよ。あっ、これって路線価図ですね。担保評価でも計算しているんですか?」

 :「拾ってくれてありがとう。気が利くのね」

 :「いや気が利くのは当然ですので。お褒めの言葉はいらないですよ」

 :「ヒマな後輩の相手をしている場合じゃないのよ(苦笑)。路線価図から担保評価を計算してみたけど、思ったよりも低くて、今申し込んでいる銀行から希望額を満額借りるのは難しいかも。他の金融機関に当たるしかないかな……」

 :「それで険しい顔をしてたんですね」

 :「融資が通るかどうかが契約の命運を握っているわけだから、悩むし集中しちゃうわよ。不動産の仕事はファイナンス、つまり、資金調達次第の面があるからね」

 :「でも、あのお客さんは年収が多いから、担保評価以上の借入れを認めてもらえるのかと思っていました」

 :「私もそう期待してたんだけど、他にもクレジットカードの借入れがあったりして、いろいろ計算してみると希望額より減らされそうなの」

：「今からでも、カードの借入れを返済してみては」

：「信用情報に借入れの履歴が残るので、意味がなさそうなの。今の状態でも希望額を貸しくれる金融機関を探すしかないわね」

：「それは大変ですね。でも、他にアテがあるんですか？」

：「返済する能力は間違いなくあるから、どこかが貸してくれると思うのよ。そうだ、D銀行のEさんに相談してみようかしら」

：「Eさんいいですよね。親身になって相談に乗ってくれるし。店長も、『融資は担当者次第のところがあるから、困ったときにはEさんに相談するように』って言ってましたよね」

：「もうちょっと早く相談しておけばよかったかしら」

：「たしかに。先輩ってうるさいほど細かいのに、意外にそういうところは気づかないんですね」

：「うるさくて悪いわね（怒）。それより、自分の仕事しなさい！」

：「（あたふたと）そうだ僕もやりかけの仕事がありました。あれっ、さっきまであった書類がなくなっている。先輩のところに交じっていませんか？」

：「……あるわよ、アンタの足の下に！」

1 不動産の仕事で重要なのは「融資を引っ張る力」

『金持ち父さん貧乏父さん』（ロバートキヨサキ著・筑摩書房）というベストセラー本があります。不動産投資家の多くは何らかの影響を受けているはずです。

この本の特徴の1つとして、ネガティブなイメージのある「借入れ」をポジティブな方向に見直したことが挙げられます。

「借入れについて勉強し、利用したほうがより早く資産形成できる」という主張が、現金を豊富には持っていない多くの不動産投資家に支持されたのでしょう。この主張は、私を含めて不動産業界で働く者にとって腑に落ちることです。

不動産の取引や開発には金融機関からの借入れが欠かせませんし、不動産業者の報酬も、借入れが成立しないと得ることができません。

借入れ、つまり金融機関からの融資を引っ張ることこそ、不動産業という仕事の生命線なのです。

●金融機関は返済原資を見ている

融資を取り扱う金融機関には、都市銀行や地方銀行、信用金庫、信用組合、ノンバンク（預金業務を行っていない金融機関）のみならず住宅金融支援機構（旧住宅金融公庫、以下公庫とする）などの公的金融機関、そして保険会社、リース会社などがあります。その審査基準や融資限度額はそれぞれ異なります。

ただ、どの金融機関も共通して審査するのは、「貸したらお金を返し

てもらえるのか」ということです。

金融機関が不動産融資の申込みを審査するポイントは、次の4つになります。

1）返済能力、すなわち月々のキャッシュフロー（収入－支出）がどの程度あるのか（属性）

2）借入れの理由が融資商品と合っているのか（理由）

3）返済をする義務感があるのか（返済履歴）

4）お金を回収する方法があるのか（担保）

あくまでも返してもらえるかどうかの判断が重要ですから、1）を中心に、2）、3）、4）を補足的にチェックします。

金融機関への提出書類やヒアリングを通じてチェックされるのは、ほとんどがこの1）～4）に関係する事項になります。

●金融機関によって重視するポイントは異なる

ただし、1）～4）のどこに重点を置くかという"配点割合"は、金融機関によって微妙に異なります。

一般的に言って、銀行は1）の属性を重視します。公庫は3）の返済履歴を重視する傾向があります。信用金庫と信用組合（以下、信金・信組とします）は1）の属性と4）の担保の双方を、ノンバンクは4）の担保を重視しているようです。

したがって買主の状況によって、銀行では難しくても、公庫なら融資が下りることがありますし、公庫で借りられなくても信金・信組なら融資を受けられるというケースもあります。不動産業者は依頼者のよきアドバイザーとして、これら4つのポイントについて検討し、希望額の融資を受けられそうな金融機関を探すのが仕事です。

そこで、ここから先は、4つのポイントについてさらに掘り下げて解説していきましょう。

	審査ポイント	何を重視して見るのか	構成要素
1	**属性**	継続して融資を返せるか	①収入属性　②個人属性
2	**理由**	融資商品と合っているか	
3	**返済履歴**	他の借入額と過去の返済履歴	①借入状況　②返済履歴
4	**担保**	融資額を回収できるのか	①物的担保　②人的担保

●継続して融資を返せるかが第一

　まず、1）属性ですが、金融機関の融資申込書を見ると、もっともスペースが割かれており、重視されていることがよくわかります（174〜175ページ参照）。

　1）属性には、大きく分けて、①収入属性と②個人属性の2種類があります。

　①収入属性は年収、勤務先、勤続年数、給与所得者か自営業者か、賃貸物件の所有などから構成されます。主に継続して収入を得てローンを返済できるかどうかをチェックします。

　とくに、収入の安定性を重視するため、勤務先は倒産しにくい順に、「公的機関＞上場企業＞非上場企業＞自営業」と評価され、かつ勤務形態も「正社員＞契約社員＞パート」の順に評価が高くなります。

　その他にも報酬が歩合制だったり、転職を繰り返している人は収入の安定性がないと見られ、審査でやや不利となります。自営業の場合は、経営している会社の安定性もあわせて審査の対象となります。

　また、働いて得る収入（労働所得）がなくとも、賃貸物件からの収入があるなど、不労所得が継続してあれば審査上はプラスになるはずです。

　次に、②個人属性は本人の年齢や資格の有無、家族数およびその年齢

買主　金融機関

などから構成されます。特に年齢はどの金融機関も重視しており、何歳まで収入を得られるのかチェックします。

　定年退職の際には退職金などで残りの融資金を一括で回収できるかどうかまで審査に組み入れて考えています。

　なお、家族数が多いと生活費がかかると見て融資額を減らしたり、国家資格の保有者は「食いっぱぐれがない」と評価されて審査上有利になる金融機関もあります。

●融資を受ける理由を聞く

　2）理由では、借入れの理由が買主の希望するローン商品の目的と合致しているかどうかがチェックされます。

　たとえば、住宅ローンの場合は、住宅の購入もしくは居住のためのリフォームなら問題はありませんが、その他の理由であるならば、借りることはできません。

167

●過去に返済の延滞事故があると融資は厳しい

　3）返済履歴は、融資の可否とその額を判断する基準です。主に①現在の借入状況、②過去の返済履歴、についてチェックされます。

　①現在の借入状況では、借入先の金融機関と借入残高、毎月の返済額がチェックされます。他に借入れがあれば融資額は少なくなりますし、最悪の場合、借りられないケースもありえます。

　チェックを受ける借入れは、オートローンやリボ払いカードローンなど割賦払いにしているものが対象で、一括払いとしているカードローンは該当しません（ただし、多すぎると融資の判断に悪影響を与えます）。

　また、親族や知人などに借りているお金についてはチェックの対象にはなりません。あくまでも金融機関からの借入額を把握します。

　その上で、住宅ローンと他のローンの合計年間返済額を計算し、その数字が年収に対する比率（返済比率）以下であれば融資が受けられるようになります。

（住宅ローン＋他ローン）年間返済額 ≦ 年収 × 返済比率
　※詳細は 190 ページ以降で説明します。

　また、俗に消費者金融と位置づけられる金融機関に借入れがある場合は融資をしない、と決めている金融機関もありますので要注意です。

　②過去の返済履歴は、過去5年間に借金返済の延滞があったり、それが高じて法的な手続きに訴えられたことがあるのかどうかがチェックされます。そうした事実があるようでしたら、その借入れの完済後5年以上経過するまでは、融資を受けることは難しいかもしれません。

　「過去の借入れの話など、黙っていれば済む話では？」と思うかもしれませんが、金融機関は申込書受付後、カードローンや消費者ローンなど、他の借入れの利用状況を調査します。「黙っていても金融機関はわかる

もの」と考えておきましょう。

このように、3）の返済履歴については、その内容によっては融資が頓挫する可能性もありますから、不動産業者としては融資を申し込む前にしっかりとヒアリングをしておきましょう。

●融資額の回収を念頭におく

4）の担保は、万一返済が滞ったときに、残高を回収するための、いわば人質のようなものです。これには①物的担保と②人的担保の２つがあります。

①物的担保とは、不動産や現金のことです。住宅ローンの場合は購入する不動産に抵当権をつけるという形で担保に取り、もし返済が滞った場合は、金融機関はこの不動産を売却して融資金を回収しようとします。

そのため、担保物件がいくらで売れるかを評価したうえで、金額を決めていきます。裏を返せば売りづらい不動産については担保にできないので融資はしません。とくに、公庫の融資（主にフラット35）は、担保となる建物が規模や規格、耐久性など公庫で定める一定の基準を満たすことを厳しく求めています。

初めから買主がフラット35など公庫融資を希望される場合は、その物件の諸条件が公庫基準に合っているかを確認しましょう。

②人的担保は連帯保証人、保証人を指します。保証人は一定の条件下でないと支払義務が生じませんので比較的責任は軽いですが、連帯保証人はほぼ無条件で支払義務を負うため責任が重くなります。反面、金融機関にとっては強力な担保と言えます。

ただし、銀行や信金・信組において住宅ローンで人的担保を取ることはまれであり、借主が保証会社に保証料を支払って連帯保証人の代わりとする仕組みとなっています。

連帯保証人が必要となるのは、一般的でない理由を対象としたローンの場合がほとんどしょう。

① 融資は属性、理由、返済履歴、担保の４つのポイントが重視される。これらの理解が不動産業で成功する秘けつ。

2 融資審査を金融機関の立場から考えてみる

今度は融資の手続きについて述べていきます。

融資手続きの基本はおおむね9段階に分かれており、各金融機関で大きな違いはありません。そのため、基本的な手続きとその流れを把握しておき、各金融機関で異なる点を補足していく方が頭の整理ができて覚えやすいと思います。

第4章 ● 不動産と切っても切れない融資の基礎知識

●基本的な融資手続きとその流れ

① 融資可能性の判断

② 金融機関の選定

③ 事前融資審査

④ 融資本審査

⑤ 融資承認・適合証明書の取得

⑥ 金銭消費貸借契約

⑦ つなぎ融資

⑧ 融資実行1（住宅ローン）

⑨ 融資実行2（リフォームローン等）

171

●融資の可否は金融機関の立場で考える

　私たちが最初に判断するのは、買主が融資を受けられるか否かです（①融資可能性の判断）。これについては、先に書いたとおり買主の「月々のキャッシュフロー（収入－支出）がどの程度あるのか（属性）」をもって、判断します。金融機関の立場で見て「この人は融資を返せる人か？」と考えるクセをつけましょう。

●金融機関は買主の希望から選定する

　物件の内見も終わり、買主が購入の検討を始めたら、お薦めする金融機関の選定（②金融機関の選定）に入ります。

　その選定手順は、次の流れで進めていきます。

- ●買主の希望
- ●物件の諸条件
- ●属性・理由・返済履歴・担保の判断結果
- ●返済比率と借入金の確認
- ●金融機関の選定

　それぞれについて、簡単に説明しましょう。

　まずは、買主の希望が大前提です。たとえばフラット35を利用したいのであれば、それをベースに金融機関の選定を行います。

　続いて、物件の諸条件も重要です。主に建物の延床面積、土地面積の最低限度、建築基準法の適法性、所有形態などです。たとえばマンションで専有面積が30㎡未満だったり、戸建で土地の面積が40㎡未満の場合、融資対象とならない金融機関があります。

　またフラット35ですと、「適合証明書」の取得が不可欠ですので、取得ができない物件は検討から外さなければなりません。

　ここまで来たら、ヒアリングした買主の1）属性、2）理由、3）返

済履歴、4）担保の強弱、を総合的に判断し、銀行ごとに異なる返済比率をもとに借入限度額を算出します。

その結果をもって金融機関を選定していきます。

●借入れは事前融資審査ですべて報告する

物件の購入が決まったら売買契約前に事前融資審査を行います（③事前融資審査）。審査書は、一般的にはＡ４〜Ａ３サイズの用紙２枚が１セットで、１枚目は審査申込書、２枚目は個人信用情報の同意書ということが多いです（次ページ参照）。

金融機関は１枚目の融資審査書だけで審査を行いますので、できるだけ正確な記入を心がけます。

ただし、審査上あまり影響のない数字、たとえば年収の10万円未満の数字や居住年数、一定以上の勤続年数については、おおまかな数字でも構いません。

２枚目の個人信用情報の同意書は、金融機関が買主の借入返済履歴を信用情報機関に確認することについての同意書です。これに署名捺印すると金融機関は買主が現在借入中のローンや、延滞や事故の状況を把握できるようになります。

いずれにせよ、今ある借入れはすべて把握されますので、事前融資審査申込書の１枚目には、現在借入中のローンなどはすべて記載しておくのが原則です。

事前融資審査申込書は身分証明書、収入証明書、物件資料などと一緒に提出します。一般的には、１週間程度で結果が出ます。

この事前融資審査で承諾とされた場合、記入した事項に大きな違いがなければそのまま本審査も承諾となります。私の経験ではほぼ100％、一般的には8〜9割は問題なしと言われています。

ただ、ネットバンクなど一部の金融機関では、事前審査の段階では個

事前融資審査申込書

かんき銀行　宛　・　保証会社　かんき保証株式会社　宛

1. 申込人および連帯保証人予定者または連帯債務予定者（以下、「申込人等」という。）は、この仮審査にかかる事務を下記不動産業者に委任します。
2. この依頼に対する審査の諾否の回答等は私どもに対し直接行ってください。またその審査結果については一切異議を申しません。また銀行が私どもに回答するのとは別に、銀行が必要に応じて下記不動産業者に回答することに同意します。
3. 申込人等はこの依頼に対する審査結果は、あくまで仮審査依頼における回答であり、融資予約ではないこと、また本依頼によって連帯保証人予定者による保証契約は、保証の予約が成立するものではないことを確認致します。また申込人等は、融資に際して、別途所定の申し込みが必要であり、銀行が求める必要な書類の提出を行うことに同意します。更に本依頼書に未記入の箇所がある場合は銀行が補記することに同意します。

●事前融資審査申込書は主に１）申込人欄、２）連帯保証人・債務者欄、３）購入物件欄、４）資金調達内訳欄の４つの欄があります。そのうち最も重要なのが申込人欄です。審査上有利となる情報は、項目になくとも、記入した方が良いでしょう。例：国家資格に合格し年末に交付されるなどの情報

申込人等は、上記内容および別紙「個人情報の取り扱いに関する条項」に同意のうえ、ローン仮審査の申し込みをいたします。

※最近1年以内に姓が変わられた方は、旧姓のご記入もお願いいたします。

氏名	フリガナ スギナミ タロウ 杉並太郎	（旧姓：） （旧姓：）		認印可	自宅電話 （03）3318-×0×	
	昭和・平成 4年4月1日生（29歳）（男）・女				携帯電話 （090）2808-×0×	
住所	フリガナ トウキョウトスギナミクアサガヤミナミ 〒166-0004 東京都杉並区阿佐谷南1-25-7					
職業	勤務先名 かんきITサービス株式会社		所属部署 総務課			
	所在地 東京都新宿区新宿2-1-●×		電話（03）2274-×0×			
	資本金 1400百万円	従業員数 43人	役職 主任			
	勤続年数 4年0ヶ月	退職年齢 65歳	仕事内容 経理			
	免許・資格等 情報処理技術者					
	前職/社名 武蔵野ITサービス		勤続年数 3年0ヶ月			
	転職理由 収入アップのため.					

申込人	年収	給与所得の方（歩合給 有・無）	事業主の方			
		令和3年 480万円	平成 年・売上高 万円・申告所得 万円			
		令和2年 460万円	平成 年・売上高 万円・申告所得 万円			
		令和1年 410万円	平成 年・売上高 万円・申告所得 万円			
	預貯金 350万円 金融機関名（●△銀行）・不動産 0万円・有価証券 150万円					
	家族状況 配偶者（有）・無 子供 人 その他 人 合計4人（うち収入がある方2人）					
	現在の住居 持家・（家族所有）・借家・その他（ ） 居住年数15年 現在家賃 ―万円/月					
	緊急連絡先（お一人暮らしの方） 氏名 続柄 電話（ ）― 住所					

家族状況（下記情報についてはご家族の同意を得たうえでご記入ください）

ご家族氏名（本人除く）	続柄	生年月日	年齢	お勤め先（学校名）
花子	妻	S・H・R 5年3月1日	28才	かんきホテル
豊	子	S・H・R 31年3月17日	2才	
かつ子	母	S・H・R 37年1月5日	59才	
		S・H・R 年 月 日		

<既存借入状況>既存借入は銀行・信販・クレジット・キャッシング等全てご記入ください。利用はないがご契約があるカードもご記入ください

借入先（会社名）	使いみち（カードは枠額記載）	残高	毎月返済額	ボーナス返済額	年間返済額
●▲×ファイナンス	オートローン	20万円	1.5万円	―万円	18万円
●●カード	買物（リボ）	8万円	1.0万円	―万円	8万円
		万円	万円	万円	万円
		万円	万円	万円	万円
		万円	万円	万円	万円
		万円	万円	万円	万円

フリガナ	スギナミ・ハナコ （旧姓：タナカ）		認印 杉並	申込人との関係 ： 妻
氏名	（旧姓：田中） 杉並 花子			家族状況 ： 配偶者（有・無）
	昭和・(平成) 5 年 3 月 1 日生（28歳）（男・女）			子供 1 人・その他 1 人

住所	〒 166 - 0004 東京都杉並区阿佐ヶ谷南 1-25-7		自宅電話 （03 3318 ■X0X）
			携帯電話 （080）1872-▲X0▲

職業	勤務先名	かんきフードサービス		所属部署	営業部
	所在地	東京都新宿区新宿 1-5-▲		電話（03 ）2271-■AX0	
	年収	450 万円	役職 マネージャー		勤続年数 6 年 0 ヶ月

預貯金	400 万円	有価証券	万円	不動産	万円（所在 ●X信金 ）

<＜既存借入状況＞既存借入は銀行・信販・クレジット・キャッシング等全てご記入ください。利用は無いが契約あるカードもご記入ください>

借入先（会社名）	使いみち（カードは枠額記載）	残高	毎月返済額	ボーナス返済額	年間返済額
XOロワード	買物（リボ）	18 万円	1.0 万円	— 万円	12 万円
		万円	万円	万円	万円
		万円	万円	万円	万円
		万円	万円	万円	万円

物件	購入動機	（具体的に） 子供が生まれた為		
	対象物件	1.一戸建て（新築・(中古) 8 年） 2.マンション（新築・中古 年） 3.その他（ ）		
	建物構造	1.(木造) 2.鉄筋コンクリート 3.軽量鉄骨 4.その他（ ）		
	所在地	千葉県松戸市柏町 1-31-●△		
	マンション名			部屋番号

資金調達内訳	借入希望日 R3 年 6 月 下旬 日予定		販売価格 3,400 万円（うち消費税 0 万円）		
	資金計画表			期間	金利
	物件（土地）	）3400 万円	■■銀行ローン 2,800 万円	35 年	％
	物件（建物）	万円	フラット35 万円	年	％
	諸費用	200 万円	自己資金 500 万円		
	その他（売却損等）	万円	その他（ ） 300 万円	年	％
	合 計	3,600 万円	合 計 3,600 万円		

【留意事項】
※お客さま（申込人、連帯保証人・連帯債務予定者）が全て自署押印願います。※お申込後にお渡しする本依頼書控えをお客さま各々で最低1年間は保管願います。※審査の結果によりご希望にそえない場合がございますので、予めご了承ください。※ご提出いただいた書類は返却いたしませんので、予めご了承ください。

●資金計画は買主と相談をして、計画内容を決めてから書いてもらいます

●職業に関する情報は、ローンの支払いの安定性を見るために必要な審査情報です。転職前と後の仕事に密接な関係があれば、職業の連続性（安定性）を見てもらえます。漏れがないようにしっかりと書いてもらいましょう

●資産背景は漏れがないように明確に書いてもらいます。今回の売買には関係なくとも資産がある人は融資審査が有利となります

●カード等月賦払いをしている借入れはすべて書いてもらうのが原則です。ここに漏れがあると、あえて申告しなかったと見なされるので審査上は不利となります。忘れている点があれば、必ず確認を取ってから記入してもらうようにします

人信用情報の調査を行わないため、本審査で初めて借入れがあることがわかり、審査の結果「否決」になることがあります。事前審査の結果をかなり割り引いて考えておいた方がいいでしょう。

　フラット35など事前審査の制度がない融資商品もあります。その場合は①先に本審査を行う、②事前審査がある融資商品で審査を行う、という2通りの方法で対応します。

　事前融資審査を行わないという方法も考えられますが、万一融資が下りない場合、売買契約後の解除手続きが大変ですので、その方法は避けるのが賢明です。

●特殊事情は補足材料を提示する

　融資事前審査時の注意点は、「準備をしてから審査書を出す」「複数の金融機関に同時に申し込まない」「買主や物件に特殊な事情がある場合は補足材料を提示する」「買主に健康問題の有無を確認する」の4点です。

　まずみなさんに踏まえていただきたいのは、金融機関はお金を貸すという立場で審査を行う以上、リスクと捉えられる曖昧さや不明さを嫌うということです。

　そのため、審査書で審査上必要な項目に空白がたくさんある場合や、質問に対する回答があやふやだったりすると、リスクと天秤にかけ「今回は見送った方がいいか」となりがちです。

　こうならないためにも、準備不足の状態で審査書を出すことがないよう、審査書の申込前のチェックを習慣化します。

　また、複数の金融機関に同時に審査書を出さないのも鉄則です。他の金融機関にも申し込んで二股をかけられている融資の審査に、どこまで担当者が真剣に取り組むかは、容易に想像できると思います。

　特に審査上ボーダーラインにいる買主の場合は「面倒くさい審査をして融資の決裁をとったところで、辞退される可能性があるなら最初から

やらない方がマシ」と考えて、「難しいですね」となる可能性がより高くなります。

したがって、原則として一度審査を申し込んだら、その金融機関から借りると決めた方が、良い結果を生むに違いありません。

また、買主や物件に特殊な事情がある場合、審査書を単にFAXするだけではなく、事前にその事情を金融機関へ伝えておき、審査が有利となる補足材料を提出しておきましょう。

●本審査は書類集めが大変

融資事前審査の承諾後、売買契約を締結したら今度は④融資本審査へと移ります。

ある程度の結論は事前審査で出ていますので、「記入情報の資料的な裏付け」「金融機関内部での手続き」「保証会社の審査」「団体信用生命保険の審査」といった儀式的な色彩の濃い手続きと言えます。

ここでは、事前融資審査申込書の記入情報の資料的裏付けが重視されます。併せて買主に用意してもらう書類が数多くあります。

したがって、融資本審査時のポイントは、売買契約書で定めた「いつまでに融資の承認を得てくださいね」という融資承認期日までに必要書類を集めて本審査書と一緒に提出すること、つまりスケジュール調整となります。

融資承認取得期日は契約日から1カ月程度で設定することが多く、うち約2〜3週間は本審査で時間をとられるので、買主には早めに書類集めに動いてもらうようにします。

●団体信用生命保険の審査で否決されたら

融資審査と同時並行で団体信用生命保険の審査も行いますが、これは

審査申込書の提出時にある程度は結果がわかります。

公庫の団体信用生命保険では、告知事項として、「最近３カ月以内に医師の治療・投薬を受けた」「過去３年以内に指定した病気（脳卒中・がんなど）で手術を受けた、または２週間以上にわたり医師の治療・投薬を受けた」「手足の欠損または機能に障害がある、または背骨・視力・聴力・言語・そしゃく機能に障害がある」という３点を挙げています。

告知事項３点すべてが"なし"なら審査否決はありません。一方、"あり"の場合は、必ずしも否決にはならないとの説明書きはあるものの、否決の準備もしておいた方が無難です。

仮に、否決となったときには、「団体信用生命保険が任意加入の融資商品（主にフラット35）を利用する」「引き受け生命保険会社が異なる融資商品を持つ金融機関で進める」「他に収入がある家族がいればその人を借主として申し込む」という３つの方策で対応していくことになります。

●金消契約は融資実行の中２営業日前までに済ませる

金銭消費貸借契約は買主がお金を借りる契約です（⑥金銭消費貸借契約）。ここでは金融機関からの案内をそのまま買主に伝えます。

注意点は、金融機関が開店している平日日中での手続きが必要なことと、融資実行日から中２営業日前までに手続きをしなければならない点です。

また、購入先物件の新住所で登記を行う場合は、新住所の住民票や印鑑証明書の提出が必要となりますので、買主へ話をして契約締結前に住所移転手続きを行ってもらいます。

なお、金銭消費貸借契約には融資実行日を記入することになります。そのため売主・買主間のスケジュールの確認や、金融機関での手続き場所の空き状況などを事前に確認して調整しておきましょう。

●火災保険の手続きを取ること

　融資条件には、火災保険の付与が金融機関から求められることがあります。その際には融資実行時に、「火災保険申込書（写）」「保険料支払いの領収書（写）」を金融機関へ提出しなければなりません。買主に火災保険の商品検討や手続きを行ってもらいます。

179

その場合に、「中古物件の場合は"水漏れ"特約を入れる」「川沿いや低地の場合は"水災"特約を入れる」など、不動産業者らしい視点に立ってアドバイスをしてあげると喜ばれるでしょう。

●融資実行はお金の流れを確認して

　融資手続きの最後は融資実行（⑦つなぎ融資、⑧融資実行１、⑨融資実行２）と所有権移転登記です。第３章と重複する部分がありますので、ここでは融資の手続きに絞って説明します。

　融資実行の流れとしては、まず、所有権移転、抵当権設定などの登記手続きを行います。次に、司法書士からの確認を受け、振込伝票（買主もしくは売主名で売主名義の金融機関へ）や払戻伝票（買主）を記入してもらい提出します。さらに、火災保険の申込みなど融資条件をクリア後、融資実行となります。

　融資実行後は、いったん買主の利用金融機関の口座に融資金が入りますので、融資金を他の売買代金とまとめて売主の指定口座へ振り込むか、もしくは、現金（預金小切手）として出金して手渡す、という流れとなります。

　その後、司法書士が法務局へ登記手続きを行えば終わりです。

　不動産業者は買主に対して当日までに、必要書類を案内し、融資金を含めた売買代金の支払方法について確認します。また、売主には別に入金する際に希望する金種（振込、現金、預金小切手）を確認します。振込みの場合は振込先金融機関と口座番号を教えてもらい、手続きの流れを調整していきます。

　手続きは金融機関の営業時間の関係で平日の13時までには開始します。これは、17時には閉まる法務局への登記書類の提出時間から逆算したものです。一般的には、午前中に行います。

　取引自体は約30〜40分程度で済んでしまうのですが、金融機関内

部での買主から売主への振込手続き、そして振込先の売主側金融機関での着金確認に時間がかかる場合が多く、約１時間半〜２時間は確保しておきたいところです。

　特に月末など月の最終週は振込手続きが多いため時間がかかりますので余裕を見ておきます。原則として、買主の振込金が売主側金融機関へ着金するまで待つ必要がありますが、売主側に抵当権債務の返済と抹消がない場合は、売主の許可があれば振込済の振込伝票が金融機関から出た時点で、終了とすることもできます。

ここがポイント！

２

書類を右から左に流すだけでは審査は通らない。徹底した準備が必要。

3 融資の「可否」や「金額」は 金融機関の選定で大きく変わる

　私たちが日常的によく見かける金融機関は都市銀行（みずほ銀行、三菱UFJ銀行、三井住友銀行、りそな銀行など）か地方銀行です。そのため、住宅ローン等を取り扱う際は都市銀行や地方銀行を選びがちです。

　ですが、都市銀行や地方銀行では、ある程度の規模の企業に勤める正社員など、一定の要件を満たしている人向けに住宅ローンという融資商品をつくっています。その要件に合わない人は、融資を受けづらくなっています。

　他方、住宅ローン等を扱う金融機関は思いのほか多く、またそれに伴って融資商品も数多くあるため、不動産業者としてはそれらの中から買主の要件に合っているものを選んで紹介することが仕事になります。

　そこで、しばらくページを割いて、金融機関の選び方について説明していきます。

●銀行系は属性重視だが金利が安い

　ここからは、各金融機関の系統ごとに説明していきます。

　まず、銀行系です。銀行系は金利が安いのが特徴です。その理由は貸し倒れリスクを低く抑えられるように、属性を重視する審査形態（他の項目も平均点以上は求める）を取っているからです。

　都市銀行、地方銀行、信託銀行どこも同じかというとそうでもなく、得意とする守備範囲やカラーは異なります。

　地方銀行は営業エリア内であれば、都市銀行よりも多少融通が利き、

若干金利を安くしてくれることがあります。とくに、地元企業の評価が都市銀行と比べて高いため、地元の優良企業の正社員は公務員などとあまり遜色ない扱いをしてくれます。

●金融機関各系統の大まかな重視点

◎……非常に重視　　○……重視　　△……普通

系統	チェックする項目				備考
	属性	理由	返済履歴	担保	
都市銀行系	◎	◎	◎	△	例：三井住友銀行
地方銀行系	◎	○	○	○	例：横浜銀行
信託銀行系	◎	◎	○	○	例：三菱 UFJ 信託銀行
信金・信組系	○	○	○	○	例：西武信用金庫
ノンバンク系	△	△	△	◎	例：三井住友トラスト・ローン＆ファイナンス
公庫系 （フラット35）	○	△	◎	△	例：アルヒ
ネットバンク系	◎	△	○	△	例：au じぶん銀行
その他	金融機関によって違いがあり一概に言えない				例：労働金庫、ＪＡ、ゆうちょ銀行など

※他の金融機関と比較してどの点をより重視しているかを記載しています。全く重視しないということはありませんのでご注意ください。
※おおまかな系統立てですので、重複する金融機関もあります。
　例：ネットバンク系にはフラット35（公庫系）を扱う所も多い。
※公庫系は各金融機関のフラット35や、フラット35専門のモーゲージバンク（住宅ローン専門の金融機関）を含みます。

担保評価も同様ですので、担保評価だけが問題になっている場合は、不動産が立地する地域の地方銀行を選ぶのが良いかもしれません。

　信託銀行は主な業務が信託業務のためか、信託を依頼する富裕層や地主、その縁者に向けての融資商品の保有が特徴的です。したがって、属性もしくは担保をかなり重視しますが、他の銀行と比べて安い金利でローンを提供してくれます。

　相続対策で豊富な経験のあるアパート等賃貸物件へのローンは、金利が他の金融機関と比べて格段に安いケースもあります。

　一方、都市銀行はどうかと言うと属性重視であり、担保評価が規定より不足していてもそれを補える属性があれば、融資をしてくれることがあります。

　また、都市銀行は一般的に融通が利きにくいと思われがちですが、住宅ローンを専門に取り扱う「住宅ローンセンター」では柔軟に対応してくれることも多く、不便を感じることは少ないと思います。

●信金・信組は中小企業向けと心得る

　信用金庫と信用組合はその設立主旨から、中小企業の経営者や役員、勤務者への融資に強いのが特徴です。

　信金・信組とひと括りにしていますが、この2つに関しても若干違いがあり、信用組合のほうが信用金庫よりも、小企業もしくは個人事業者への融資に強いと言えます。

　また、信用組合は職域・業域・民族をベースとするものもあり、それらに所属している方は融資審査がスムーズと言えます。

　信金・信組に関しては、社会人になるまでは接点がないため、取っつきにくい面があると思います。

　ただ、融資商品も含めその存在を知っておくと、都市銀行や地方銀行の融資条件に当てはまらない人などでも、金利など内容的にも遜色ない

形で融資をしてもらえます。このことを知っておくと大きな成果につなげることができます。

　一方で、融資額の上限が都市銀行などよりも低く設定されており、かつ担保に対する考え方は柔軟なのですが、担保の評価自体は厳しいという側面があります。

●ノンバンクはコンサルティング向け

　ノンバンクとは主に融資業務のみで、預金業務を行わない金融機関の総称です。広義ではモーゲージバンクやネットバンクなどもこれに当てはまりますが、ここではそれらを別系統とします。住宅ローン専門会社と担保ローン会社をノンバンクとして解説します。

　ひと言でいえば融通が利くと言え、一筋縄ではいかない不動産コンサルティング向けの金融機関と言えます。

　審査自体は万一返済が滞ったときの回収をベースに見ていますので、不動産や人の担保があれば審査の土俵には乗ります。あとは属性・理由・返済履歴・担保の総合点でプラスであれば、融資が下りる可能性が高まります。

　また、正社員でない人や正社員であっても勤続年数が短い人、借入れの返済に延滞がある人、自営業で赤字申告している人であっても、何らかの担保を提供できローンの返済原資があるのなら、融資の可能性があります。

　融資の手続きは、会社ごとに異なり、かつ独特です。最初は面食らうこともありますので、事前に調べてから取り組むのがいいでしょう。

●公庫系、ネット系は向き・不向きがある

　公庫系とは、住宅金融支援機構（旧住宅金融公庫）の融資商品フラッ

ト 35 を取り扱うモーゲージバンクを指します。

ネット系とは、主な手続きをネットと郵送で行う金融機関のことです。フラット 35 を取り扱うところも多いので、公庫系と一部重複します。

両者の共通する特徴は金利が安いこと、一定の融資条件に当てはまれば融資承諾を得られやすい点です。反面、低金利とするため店舗運営費や人件費を抑えていますので、何らかの事情を抱えていて、そのことを説明して審査のハードルを超えたいと考えている人には不向きと言えます。複雑な審査がいらない属性や理由があって、返済履歴の内容がシンプルな人に適していると言えます。

弱点は、融資審査で理由がわかりにくい否決となることがあり、かつ、融資実行等の手続きの日時を指定される点です。返済履歴に難があったり、スケジュール調整が厳しい方には、迷わず他の金融機関をおススメした方が賢明です。

なお、公庫系は公的機関の融資商品ですので、収入がある方なら勤務先に関係なく、平等に、誰でも融資を受けられる点がメリットです。また、収入の不安定性についても他の金融機関よりも優しく見られますので、自営業者や個人事業者、契約社員の方がよく利用します。

一方で、ネット系は審査をシンプルにしている分、審査が簡単となる給与所得者や、安定的な勤務先にお勤めの方を対象としています。

●その他の金融機関も押さえておく

その他の金融機関も特徴はさまざまです。代表的な金融機関は労働金庫、JA、ゆうちょ銀行などでしょうか。労働金庫は組合員、JA は農家や地主の審査に強いと言われています。

これらは他の金融機関と監督官庁が違うためか独特の審査形態を有しており、他の金融機関で審査が通らない人でも、承諾をとれたという人もいます。

ただ、そうは言っても内容はしっかり見ており、返済履歴が厳しい、つまり過去に返済が遅れた記録がある人は審査が通らないことが多く、また、担当者によって結果にバラツキがあります。どちらにしても、数多く金融機関を知っておくことは自身の武器になりますので、押さえておきましょう。

●社内融資や共済は使い勝手が良い

　その他、いわゆる制度融資も視野に入れておきましょう。ここで言う制度融資とは企業の「社内融資」、公務員の「共済」、公的な「財形住宅融資」などです。市中の金融機関よりは審査が緩やかでかつ手続きも比較的簡便と言えます。

　特に社内融資や共済には無担保の融資もあり、かつ融資事務手数料がかからないので諸費用の軽減となりますし、上限金利が設定されていて将来も安心、などさまざまなメリットがあります。

　一方で、融資商品が単一（財形住宅融資は金利が5年固定のみ）であることも多いので、買主の希望に沿うかどうかの判断が必要です。

　また、社内融資と言っても、単に特定の金融機関を紹介するだけのものもあります。利子補給などメリットがなければ、買主が自ら手続きする方が有利になることもありますので、よく調べてから利用してください。

ここが ポイント！ ③ 金融機関の個性を大事にすれば、そのお返しは融資という形になって現れる！

4 すぐれた融資担当者は審査を通す「脚本家」である

●誰を選ぶかで結論は異なってくる

融資審査で希望額を通すためには、金融機関の選定と同じぐらい、担当者が誰なのかということも重要です。審査においては融資担当者の熱意や調査内容や稟議書の出来が成否を決めるからです。

●担当者は「脚本を書ける人」を選ぶ

融資審査は買主と接する金融機関の担当者が、稟議書や口頭などで上司に報告して、どう納得させるかがポイントになります。

上司は直接買主と会うことがないので、担当者から聞く内容と稟議書だけで判断します。したがって、「〜だから融資は承認してください。大丈夫です」という脚本をつくれる担当者こそが、不動産業者にとっての強力なパートナーになりうると思います。

脚本を書ける担当者かどうかは、難しいと思われる案件を持ち込んだときの反応で、見分けがつきます。

すぐれた融資担当者ほど、自分が所属する金融機関の審査の方針や仕組みをよく理解しています。申込書を見て審査上不利な点を見つけた場合でも、ここをこう改善すればできるかもしれないと考え、逆に提案してくれます。どうしてもムリならムリと言ってくれますから、こちらもキッパリ諦めることができます。

一方、凡庸な担当者は審査の基準をチェックシート的にしか理解していませんので、相談を持ち掛けても深く考えずに回答するので違いはす

ぐにわかります。審査の申込みは同じ金融機関の別の担当者、あるいは別の支店に頼んでも特に問題はありません。担当者選びはシビアに行いましょう。

●承認理由を考える習慣をつくる

このように担当者選びは重要ですが、それと同じく金融機関の審査の方針や仕組みを自分なりに把握することも重要です。

そのためには、担当者との雑談を通じてそれぞれの金融機関の考え方を、大まかでいいので理解するように努めましょう。

特に審査が承認されたときは「今回は属性が良かったから」「担保評価が高かったので」など、融資をする気楽さから、審査の方針を教えてもらいやすいものです。このような雑談を積み重ねていけば、審査が通るかどうかの判断ぐらいは自分でできるようになります。

金融機関の担当者も、借主との間を仲介する不動産業者が審査の方針をある程度理解しているほうが、自分の仕事も楽になります。そうでない人と比べて優遇してくれるでしょう。

私の知人で金融機関出身のファイナンシャル・プランナーは、自分の古巣に難しい融資案件を持ち込む際は、「あとで清書して」と、こっそり稟議書まで書いて担当者に渡すそうです。

金融機関の融資担当者は、「リスクなく」「面倒くさくない」「融資をしたい」と常に考えています。不動産業者としてはこうしたニーズにできるだけ応えられるよう、学んで行動するべきです。

ここがポイント！ ④ 誰と一緒に仕事をするかで成果が変わるのは当然のこと。融資担当者選びはシビアに考えよう！

5 融資は「3つの要素」の 組み合わせで決まる

　さて、融資審査が承認されるメドが立つと、次はいくら借りられるのかが気になります。融資額の判断基準は各金融機関ともほぼ同じで、「年収と返済比率」「貸出制限」「担保評価」の3つの要素で判断されることが多いようです。細かい基準の数値は金融機関ごとに違いますが、まずはこの3要素について説明しましょう。

●融資額はこうして算出される

　融資可能額の算出には、次のような方程式があります。

融資可能額＝年収×返済比率÷12カ月（1年）÷χ×100万円

※1　χ＝審査金利における100万円あたりの月返済額。

※2　他の借入額や担保評価により減額される場合もあります
　　　（195ページ以降参照）。

　年収、返済比率、審査金利などの数値がわかれば融資可能額が算出できます。

　まず年収について。給与所得者は手取りではなく額面つまり所得控除前の金額をあてます。個人事業主の場合は申告所得となります。こちらは年商ではありませんので注意してください。

●返済比率とは何なのか？

　返済比率とは、「収入（年収）のうちいくらまで（比率）なら住宅ローンとして支払うことができるか」という審査基準です。

　わかりやすく言うと、「年収（額面）＝住居費（住宅ローン）＋生活費（衣食費や教育費、レジャー費、貯蓄など）」を前提にして、そのうち住宅ローンは年収のうちのどれくらいまでならば、生活が困らないかを金融機関が検討して決めた数値です。

　返済比率は年収によって主に25～40％程度で変動する仕組みとなっています。たとえば、フラット35の返済比率は以下のようになっています。

●フラット35の返済比率

年　　収	400万円未満	400万円以上
返済比率	30％以内	35％以内

※2021年4月現在の基準

　年収が高いほど返済比率が高くなります。年収の多い人は、返済比率が高くても生活費に回せる金額が高いため、生活は成り立つと考えているからです。

　年収300万円と700万円の生活費を比べた場合を見てみます。

■年収300万円、返済比率30％の場合

　年間返済額＝300万円×30％＝90万円（住宅ローン）

　年間生活費＝300万円－90万円＝210万円

　月々生活費＝210万円÷12カ月＝<u>17.5万円</u>

■年収700万円、返済比率35%の場合

年間返済額＝700万円×35％＝245万円（住宅ローン）

年間生活費＝700万円－245万円＝455万円

月々生活費＝455万円÷12カ月＝<u>37.9万円</u>

　このように、返済比率が高くても、月々の生活費は2倍以上になります。年収が高いほど出費も多いはずですが、さすがに2倍以上までにはならないと考えているわけです。

●審査金利とは何なのか？

　もう１つの審査金利は“みなし金利”とも言われ、「将来における金利上昇の可能性を含めた審査上の金利」のことです。収入が変わらないことを前提に、金利が上がったとしても、無理なく返済できるかどうかを見極めるため、審査で用いられます。

　したがって、実際に借りるときの金利（適用金利）よりも高く設定されています。2021年4月現在で、都市銀行や地方銀行では、適用金利（変動金利）で0.5％前後ですが、審査金利は3.0〜3.5％です。

　ただ、フラット35は全融資期間の金利が固定で将来の金利上昇は関係がありませんので、適用金利がそのまま審査金利ということもあります。また、信用金庫でも適用金利を審査金利としています。

　つまり、都市銀行や地方銀行の審査で融資額を減額された場合、審査金利だけで考えると、フラット35や信用金庫の方がより高い融資額を受けられる可能性があるということです。

　総じて言えば、返済比率が高く、審査金利が低い金融機関ほど融資額が多くなり、逆に返済比率が低く、審査金利が高い金融機関ほど融資額は少なくなります。

　なお、返済比率と審査金利は、金融機関ごとに定められている数値ですから、選択次第で変えることができます。

●実際にいくら借りられるかを計算してみよう

　それでは、融資可能額を計算してみましょう。

　1）買主から年収と希望する融資期間を聞きます。

　2）融資を受ける金融機関の返済比率、審査金利を調べます。

　3）ローン電卓などで審査金利、融資期間から100万円あたりの

月返済額を導きます。

4）融資可能額＝年収×返済比率 ÷ 12 カ月（1 年）

　　　÷ 3）で算出した 100 万円あたりの月返済額 × 100 万円
の方程式に当てはめて融資可能額を算出します。

　たとえば年収 500 万円、融資期間 35 年、返済比率 35％、審査金利 3.5％
の人の場合は、

　　審査金利 3.5％で融資期間 35 年の場合、
　　　100 万円あたりの月返済額は金 4,132 円
　　融資可能額＝ 500 万円× 35％ ÷ 12 カ月
　　　　　　　　　　÷ 4,132 円 × 100 万円
　　　　　＝ 35,293,643 円（約 3,529 万円）

という計算で約 3,529 万円までが融資可能額と判断できます。なお、
実際に借り入れる際の月返済額は適用金利を利用します。金利が 0.5％
であれば融資期間 35 年の場合、100 万円あたり 2,596 円ですので、仮
に 3,500 万円を借り入れるとすると、

月返済額＝ 35,000,000 円× 2,596 ÷ 1,000,000 ＝ 90,860 円

となります。

ここが
ポイント！⑤ 年収は変えられないが、返済比率、審査金利は変えられる。金融機関の選択次第で融資額はアップできる！

6 「貸出制限」という落とし穴にはまらないために

　返済比率と審査金利から融資可能額を算出するまでのプロセス、ご理解いただけましたでしょうか。実はその額はあくまでも可能額であり、実際には、さらにいくつかの点で貸出制限を受け、融資額を抑えられることになります。

　その貸出制限とは、「総額制限」「年収７倍制限」「年齢制限」「耐用年数制限」「他借入制限」の５つを指します。順を追って説明していきましょう。

● 3,000万円以上の融資は勘弁してください

　「総額制限」は金融機関が貸出できる金額の上限のことです。個人向け融資の場合、都市銀行は上限１億円、信用金庫は上限8,000万円までが一般的です。その額は各行庫等のホームページ上に公開されています。なお、プロパー融資（信用保証協会などで信用保証を付けることなく、自らの責任で貸し出す融資）には制限がありません。

　さらに、ノンバンクなどでよく見られるのですが、審査上いくらまでなら支店決裁ができるので融資審査が通りやすい、というハードル制限もあります。その額については、何回も取引をしていると自然とわかるようになります。

●「その年収ではこの金額を借りられません」

　「年収７倍制限」に限らず、年収の何倍までと融資上限を定める金融機

関が多いようです。7倍前後が多く、8～10倍のところもあります。仮に7倍制限とすると、年収500万円の人の融資額上限は3,500万円となります。また、長い融資期間ほど返済リスクは高いと考え、この年収制限の倍数を低く抑えるケースもあるようです。

●定年退職後をどう考えるのか

「年齢制限」という定年退職時の年齢前後に完済できる融資額、もしくは退職金で一括返済できる融資額を上限とする金融機関もあります。

　融資期間は一般的に75歳から80歳までに完済ができるように上限を定めますので、年齢が30歳でも40歳でも同じく上限の35年返済のローンを組むことは可能です。

　ただし、30歳の人の35年後は65歳と定年退職時年齢に近く、働いて返すことができそうです。一方、40歳の人は20～25年後の返済真っ盛りの頃に定年退職を迎えますので、その時点での返済計画が見えなければ、金融機関は返せなくなるリスクを想定して融資額を抑える可能性があります。

　買主の退職金見込額が知りたいと言われた場合は、退職後どのように返していくか説明を求められていると考えて良いでしょう。

●解体費を見込んで減額します

「耐用年数制限」は建物が利用できる期間を考慮した制限です。多くの金融機関が融資額もしくは融資期間を決める際に、この考え方を採用しています。

　実際には建物の寿命はわかりませんので、国税庁で定めた耐用年数（木造22年など）をもとにして、「木造20年」「RC造50年」などとキリの良い数字に決めた耐用年数を用いています（くわしくは203ページ

の耐用年数表参照)。

　一般的には、耐用年数から築年数を差し引いた期間を上限融資期間とする金融機関が多いようです。

　また、一部の金融機関では耐用年数を超えた戸建の場合は解体費、マンションの場合は建て替え費用がかかると判断して、融資額を一定額減額するケースがあります。

　たとえば、築30年の木造戸建なら耐用年数20年を超えているため解体が必要と考え、建物は評価0円、土地の評価額から解体想定費を差し引いて融資額を決定することがあります。このように、中古物件はどうしても融資額や融資期間が厳しくなりがちです。

●カードで借入れがあると融資額減額

「他借入制限」は、オートローンやカードのリボ払いなど、月賦払いの借入れがある場合に、融資額の上限が減額される制限です。あくまでも月賦払いの借入れが対象ですので、一括払いのローンはあまり影響しません。

　具体的には、融資返済月額の上限から他借入れの月返済額を差し引いて計算します。

　たとえば、年収500万円の人がオートローンを月5万円返済している場合、どのように減額されるのでしょうか。返済比率35％、審査金利3.5％、融資期間35年、100万円あたりの月返済額が4,132円と仮定すると、次のような計算となります。

　　月額返済可能額＝500万円×35％÷12カ月＝145,833円
　　減額後月額返済可能額＝145,833円－50,000円＝95,833円
　　融資可能額＝95,833円÷4,132円×100万円
　　　　　　　　　　＝23,192,884円（約2,319万円）

※オートローンの借入れがない場合の融資可能額は

＝ 35,293,356 円（約 3,529 万円）

　本来の融資額上限は約 3,529 万円ですが、オートローンの借入返済が月5万円あることで、約 2,319 万円が上限となります。つまり、1,200 万円ほど上限が減額となるのです。

　ちなみに、オートローンの残高がいくらでも融資額の上限は変わりません。たとえ残高 300 万円でも 60 万円でも、あるいは来月に全額完済の予定があったとしても、この計算となります。「他借入制限」を防ぐには、その借入れの完済まで待つか、一括返済することを検討します。

　なお、カードローンやクレジットカードのキャッシング枠があると、利用限度額の一定割合を年間返済額に組み込んで融資額を減らす金融機関もあります。

　1枚だけならそれほど影響はないでしょうが、複数枚保有しているとかなり影響を受けます。その場合は、カードの解約やキャッシング利用限度額の減額を検討した方がいいでしょう。

　さらに、俗に消費者金融と言われているところからの借入れがある場合は、厳しい金融機関だと減額ではなく、審査自体が否決になることもあります。

ここがポイント！ ⑥

「貸出制限」の落とし穴はいくつもある。せめて、「他借入制限」だけは避けたいところ。

7 「いくら回収できるか」で決まる担保評価

　融資額を決める３つ目の要素は、不動産の評価（担保評価といいます）です。万一、買主の返済が困難になった場合、金融機関は不動産を競売にかけて融資額を回収しますから、担保評価以内の融資額に抑えるというのが１つの目安になります。

●担保評価は時価とイコールではない

　担保評価を示す計算方法は、次の通りです。

担保評価＝時価×担保掛目

　まず、「時価」とは、現在いくらで売れるかという実勢価格のことです。その評価方法は主に５つあります。
　　１）不動産鑑定士（鑑定ソフト）によるもの
　　２）路線価額（公示価格）など公的価格によるもの
　　３）特殊な計算方法（DCF法）によるもの
　　４）不動産業者へのヒアリングによるもの
　　５）販売チラシやレインズ情報によるもの
　これらを混合させて評価することもあります。戸建の場合は土地の価格を重視するため２）を重視、マンションは５）を重視します。
　担保評価を算出する際のもう一つの要素である「担保掛目」とは、建物の劣化といった値下がり幅や、競売を行う際にかかるコストなど、想

定されるリスクで担保評価を割り引く掛目のことです。多くの金融機関では 70 ～ 80％に定めています。つまり、担保評価は時価の 7 ～ 8 割とかなり低く抑えられているのが特徴です。

●実際の融資には補正がかかる

仮に時価が 3,000 万円の不動産で、担保評価が 2,400 万円ですと残りの差額 600 万円の現金が必要になります。

住宅購入にもっとも積極的な 30 代にとって 600 万円は年収に匹敵する額であり、手元にある人はそう多くはないでしょう。

金融機関は、その間を埋めるために次のような方程式を使い、担保評価に補正をかけて融資限度額を算出することがあります。

融資限度額＝（担保評価＋α（規定値））×β（補正値）
　　※規定値の例　新築物件は売買価格まで可能とする
　　　　　　　　　最大でプラス 2,500 万円まで可能とする
　　※補正値の例　最大 3 倍まで可能とする
　　　　　　　　　時価前後までは補正可能とする

年収や勤務先など属性が良い買主ほど、この規定値や補正値が大きくなります。また、金融機関が公庫系や銀行系の場合、属性によって柔軟に担保評価をしてくれる印象があります。ここは金融機関によって対応がかなり変わります。

都市銀行の例ですが、大手上場企業の社員に対して、担保評価 2,500 万円の物件にリフォーム費用込みで 3,500 万円の融資を付けたことがあります。

一方で、ある信金では新築物件のローンを申し込んだところ、担保評価が足りないということで、売買価格に近い融資希望額を 1,000 万円ほ

ど減額されたことがあります。

　規定値や補正値は、各金融機関の融資に対する姿勢に影響され、常に変動するものです。担保評価を超えて融資してくれそうな金融機関はどこなのか、常にアンテナを張り巡らせておきましょう。

●路線価図を用いた担保評価

　担保評価に話を戻します。5つの評価方法のうち、誰もが等しく計算できるのが、2）路線価額や公示価格など公的価格によるもので、主に土地や戸建の担保評価を算出するのに用います。

　路線価とは、相続税や贈与税の算出に用いるため、国税庁が定めた路線（道路）に面する宅地の1㎡あたりの価額（千円単位）のこと。一般的には時価の8割の価額とされています。

　路線価を地域ごとに示した図を路線価図と言い、路線価が定められていない地域では、評価倍率表というものを利用します。

　路線価図は国税庁のホームページ内にある「財産評価基準書　路線価図・評価倍率表」で確認できます。

※国税庁「財産評価基準書　路線価図・評価倍率表」

　http://www.rosenka.nta.go.jp/

　住宅地図と登記事項証明書を用意し、このページを見ながら対象不動産の路線価図を絞り込んでいきます。路線価図の画面を探し当てたら、拡大して前面道路にある数字を確認します。

　たとえば、「東京都杉並区阿佐谷南1丁目34番地6」の路線価を調べてみると、路線価図では「910B」となっています。これが路線価額で、910は単位千円ですので、1㎡あたり91万円であるという意味です。

　なお、Bは借地権割合を示しています。該当する土地が借地権なら評価は路線価の8割になるということです。A～Gまでアルファベット

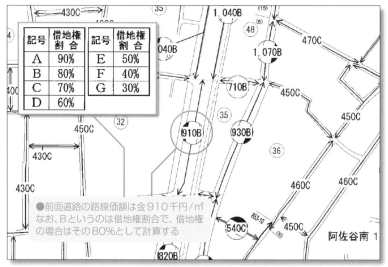

出所：国税庁ホームページ「財産評価基準書　路線価図・評価倍率表」

があり、それぞれの借地権割合については図の上部に書かれています。所有権の場合はもちろん100％となります。

　路線価がわかれば、土地の価格が算出できます。

土地価格＝路線価額（円／㎡）×土地面積（㎡）

　実際は土地の形状に応じた補正を掛けていきますが、不動産業者が担保評価する場合は、そこまでしなくても構いません。

　次に、建物の担保評価についても説明しましょう。

　建物の場合は、必要なデータは「建物面積」と「築年数」、「耐用年数」の３つです。建物面積は登記事項証明書に記載されており、築年数は登記上の築年月日から求めることができます。耐用年数は登記上の構造種別と国税庁が定めた耐用年数表（次ページ参照）に照らし合わせて算出します。

構造・用途	細目	耐用年数
木造	住宅用	22 年
木骨モルタル造	住宅用	20 年
鉄骨鉄筋コンクリート造 ・鉄筋コンクリート造	住宅用	47 年
金属造（鉄骨造）	住宅用	19・27・34 年
れんが・石造・ブロック造	住宅用	38 年

そして、1 ㎡あたりの建築㎡単価を決めます。決め方は税務署が定める建築価額表（国土交通省 建築着工統計）を利用します。平成 30 年における木造の場合、1 ㎡あたり 16 万 8,500 円前後です。

これは毎年変動しますので、大まかな目安として一般的な木造建物の場合、坪単価 55 万円（＝約 166,375 円 / ㎡）を用いても良いかもしれません。

ここまで来れば、後は方程式にはめ込んで計算できます。

建物価格＝
1 ㎡当たり単価（円 / ㎡）×建物面積（㎡）×（1 －築年数 / 耐用年数）

さらに、建物価格と土地価格を合算して、担保掛目を乗じれば担保評価が算出できます。

担保評価＝（建物価格＋土地価格）×担保掛目

1つ、事例を挙げて担保評価をしてみましょう。

・建物　延床面積 100㎡、築年数 10 年、構造は木造

　※木造の耐用年数は耐用年数表より 22 年である

　※ 1㎡当たりの建築単価は金 166,375 円とする

・土地　土地面積 150㎡、路線価額 200,000 円 /㎡

・金融機関の担保掛目 70%

土地価格 ＝ 200,000 円 /㎡× 150㎡ =30,000,000 円

建物価格 ＝ 166,375 円 /㎡× 100㎡×（1 － 10/22）
　　　　　＝ 9,075,000 円

担保評価 ＝（30,000,000 円＋ 9,075,000 円）× 70%
　　　　　＝ 39,075,000 円× 70%
　　　　　＝ 27,352,500 円

　ということで担保評価は 2,735 万 2,000 円（百円単位切捨）となります。ここまでの融資額なら担保評価としては問題がないと考えることができます。それ以上の融資額を希望なら補正値や規定値次第でしょう。

　ここまでの担保評価は路線価をもとに算出しましたが、その妥当性を公示価格と比較しながら、念を押して確認します。

　具体的には、近隣の公示価格の類似事例と、土地価格と建物価格を合算した金額とに大差がないようなら、この担保評価で問題はないと考えることができます。

　なお、公示価格は国土交通省ホームページ内の「標準地・基準地検索システム」から検索すれば、調べることができます。

※国土交通省地価公示／都道府県地価調査

　https://www.land.mlit.go.jp/landPrice/AriaServlet?MOD=0&TYP=0

●路線価額から担保評価を行うことの欠点

路線価図を使った担保評価はネット環境さえあれば、誰でもすぐにできるのでとても便利ですが、欠点もあります。

たとえば、「土地の面積が小さい狭小地」や「中古の木造戸建」は実勢価格と比べて過小評価されやすくなります。

実勢価格は「このエリアの戸建は○○○○万円」という相場観に影響されます。そのため一般的に狭小地の場合、相場観につられて他の平均的な1㎡当たりの価格よりも1～2割高くなります。ですが、路線価図による担保評価ではそれを補正できません。

また、中古の木造戸建も同様で、築20年程度となると建物価格は0円になります。実際には人が住んでいるので、実勢価格としては多少値をつけられるはずですので、これでは過小評価といえます。

したがって、この2つに該当する場合は、補足説明のために成約事例や建物調査レポートなどを添付して金融機関に提出しましょう。

●担保評価できない不動産もある

ここまで担保評価について述べてきましたが、そもそも担保評価をしてもムダな不動産があります。違法建築の建物、建築ができない土地、田畑、風俗店や暴力団事務所が周囲にある不動産などです。

こうしたケースでは、担保評価をする前に、金融機関の担当者に「そもそも融資対象になりますか」と確認した方が良いでしょう。

ここが
ポイント！
⑦ 担保評価は金融機関との「共通言語」になりうる。不動産を見て全額借入れができるとわかれば一人前！

8 他の借入れを隠そうとすると かえって信頼を失う

●カードなど他の借入れは筒抜けです

カードローンなど、他に借入れがあると融資額が減額されるか、最悪の場合は否決となります。たとえ借入れを隠して審査を申し込んでも、金融機関が調べればわかりますので否決となります。いずれにしても、借入れの履歴は金融機関に筒抜けになるのです。

というのは銀行や信販、貸金業といった業界ごとに、誰がいつまでにどの程度の金額を借りているか、また、過去に延滞事故がないかという顧客情報を登録・収集している信用情報会社があるからです。

各金融機関はこの情報も参考に、返済能力の審査をしています。信用情報会社は3つあり、総称して個人信用情報機関と呼びます。系統で分けてみると下記になります。

主に銀行系　　　　　全国銀行個人信用情報センター（略称 JBA）
主に信販会社系　　　㈱シー・アイ・シー（略称 CIC）
主に消費者金融系　　㈱日本信用情報機構（略称 JICC）

融資の申込書を記入する際、金融機関は申込者から個人情報の同意書を取ります。その同意書には、どこの個人信用情報機関から情報を取得するかについて書かれています。

なお、金融機関の担当者から審査の際に「個信を取ってから」「個人信用調査をかけてから」と言われることがあります。新人ですと「コシン？」となりますが、それはこれらの信用情報機関から信用情報を取り

ますよと言っているのです。

　ちなみに、「与信」という言葉もあります。これは信用を与える＝貸す・貸さないの審査を行うという意味です。

個人信用情報機関名	全国銀行個人信用情報センター（略称 JBA）	㈱シー・アイ・シー（略称 CIC）	㈱日本信用情報機構（略称 JICC）
延滞情報	契約期間中および契約終了日（完済されていない場合は完済した日）から5年を超えない期間	契約期間中および取引終了後5年以内	契約継続中および完済日から5年を超えない期間
破産情報 ※1	当該決定日から10年を超えない期間	免責許可決定が確認できた会員各社によるコメントが登録されてから5年間 ※2	当該事実の発生日から5年を超えない期間
照会履歴 ※3	当該利用日から会員への提供は6カ月を超えない期間	照会日より6カ月間	申込日から6カ月を超えない期間

※各個人信用情報会社のホームページから抜粋（令和3年4月現在）
※1　官報に公告された情報を基にしています。
※2　CICは平成21年4月1日より官報情報の収集保有を中止。
※3　金融機関がその人の個人信用情報を閲覧した履歴。

●不動産業者が手を打つべきこと

　融資の依頼者をサポートする不動産業者として、金融機関が個人信用情報を扱う上での前提をしっかり押さえておきましょう。

　　1）個人信用情報で現在の借入れや過去の延滞事故が把握できる

　　2）借入件数、借入額など大雑把にしか把握できない

　　3）個人信用情報は第三者に漏洩できない

この3点がポイントです。そしてここから導けることは、

A）借入状況と延滞事故が把握される以上、融資審査の際に申告をして
　　おかないとデメリットが多い（＝不都合を隠していたと受け取られ
　　る）

B）延滞事故はその事実だけわかり、理由まではわからない

C）借入件数や額は数字しかわからない。持っているだけのカードでも
　　件数にカウントされる。したがって、件数と借入額のバランスが悪
　　いとデメリットが多い

D）「〇〇から借り入れしているので審査は否決です」「住宅ローンを借
　　りるために直前になってから返済した形跡があるため、審査は否決
　　です」といった個人情報に絡むことは教えてもらえない

　　となります。また融資審査の大前提は、

E）一度出した審査結果は年収などの外形的条件がよほど大きく変化し
　　ない限り、くつがえらない

　ですから、上記を含め金融機関と依頼者の間に立つ不動産業者が行う
べきことをまとめると、次のようになります。

ⅰ）借入れと延滞事故は正確に把握して申告しておく
　　＝買主になぜ正確な申告が必要かを伝え、償還票や残高証明書、
　　借入理由を事前に収集確認する

ⅱ）理由のある過去の延滞事故は必ずその理由を申告しておく
　　＝リストラによる延滞と浪費による延滞では結論が違う

ⅲ）カードの枚数が極端に多い場合は事前に解約させる。また、残高が
　　多い場合は返済を条件として申告する
　　＝返済履歴は残るので融資審査直前の返済は不自然

ⅳ）融資審査は一発勝負を心がけ、事前に依頼者の情報をできる限り得
　　ておき、必要であれば申告する
　　＝担当者が知りたい情報を先に申告する

●金融機関の立場から眺めてみる

　以上、長々と述べましたが結論を一言でいうと、金融機関の担当者に
どう見られるかを常に意識して審査に臨むのが重要だということです。

　金融機関は不誠実、浪費、生活苦を嫌います。たとえば自己資金が全
くないのにカードの枚数が多いとなると、生活苦や浪費癖が簡単に連想
できてしまいます。

　そのような人が住宅ローンを滞りなく返済できるかというと、かなり
怪しいと考えるべきでしょう。裏を返せば、私たちは事前にカードを解
約させるべきだと言えますし、自己資金がない理由も確認しておき、必
要であれば申告させるべきです。

　なお、金融機関に事前申告をせずに、何か借入れが見つかった場合、
隠していたと見られるので注意が必要です。「秘すれば花」は芸術の世
界だけで、金融の世界では通じません。

　そのため買主には「金融機関には他の借入れや延滞事故がわかってし
まうので、正確に書いて（教えて）ください」とアドバイスしておきま
しょう。

●「捨てるべき案件」があることを理解する

残念ながら、不動産を買いたいという人の中には、不誠実な人や浪費癖のある人もいます。また、理由はともかくとして、生活苦の人もいます。

このような人が融資を申し込んだとしても、返済が滞ることがある程度予想できます。属性や担保がよほど良い条件でない限り、融資の実現はむずかしいでしょう。案件自体を見送った方が無難ともいえます。

実際に延滞するか否かは問題ではなく、延滞しそうな方を薦めることがみなさんと金融機関の信頼関係を損なうからです。

融資が通れば大きな報酬が入るのが、不動産業界の仕事ともいえますが、一度金融機関の信頼を損なえば、未来の報酬を失ってしまいます。信頼は築くには時間がかかる半面、失うのは一瞬、とよく言われますが、それは本当のことです。

ここまで、融資審査とその手続きについて述べてきました。

融資審査については、時代ごとに審査方法や基準、手続方法、必要書類などが変わっていきます。また、金融機関とその担当者が本当のところはどのように考えているのか、把握しづらい面もあります。

とはいえ、相手の手の内を知らないで融資を引き出すことはできません。「融資を制するものが不動産を制す」と言われるくらい、ここはとても重要なところです。

みなさんも1つ1つ事例を積み重ねながら、どうすれば融資審査が通るか、ノウハウを身につけてください。

ここが
ポイント！⑧

一日では築けないが、簡単に失われるのが不動産業者と金融機関との信頼関係である。

第5章

不動産の値段は
こうして決まる

ダイアローグ
不動産の値段は、
データだけでは決まらない

 :「すみません。わざわざ査定に付き合ってもらいまして」

 :「店長にも同行するように言われていたからいいのよ。それよりもアンタ、車のスピード出し過ぎじゃない?」

 :「時間に遅れると売主様から約束を守らない人と思われるので急ぎたいんですよ。査定では信頼を得ることが第一だって、先輩からいつも言われてますから」

 :「たしかに、査定では信頼を得ることのほうが価格以上に大事かもしれないわね。ところで、これから伺うお客様のご自宅は、机上査定ではいくらぐらいなの?」

 :「査定ソフトでは2,100万円で、レインズの成約事例データでは1,900万円ぐらいです。僕はデータの通り1,900万円でいいかなと思っています」

 :「買主の目線で見てみると2,100万円という金額は高いのかな? 周辺相場を見てもそう高くはないでしょう」

 :「高くはないですが、レインズのデータは1,900万円です。1,900万よりさらに積み上げるのは難しくないですか」

 :「データを信用しすぎないこと! それと、価格査定では常に買主目線に立つこと。それにさっき間取図を見たらルーフバル

コニーも付いているんだよね？」

：「ええ。でも、それが価格に影響するんでしょうか？」

：「当ったり前よ。それだけで他にない希少品になるから、競合するマンションも少なくなるわ。この辺で家を買いたい人の総予算は2,500万円くらいの人が多いから、諸費用を200万円と見て差し引いても2,300万円で売れる可能性があるかもしれないわ」

：「えっ、それを先に言ってくださいよ〜。もう査定書をつくっちゃったじゃないですか」

：「人に頼らず自分で考えなきゃ、プロ失格でしょ。お客さんにとっては、プロの意見を聞くことが実査定の意義なんだから。でも、安心しなさい。私も査定書をつくって持ってきているから」

：「本当ですか！　ありがとうございます‼」

：「待ち合わせは午後2時よね。あと20分ぐらいだけど、間に合うの？」

：「このまま14号線を真っすぐ行くだけですから。10分ぐらいで着きますよ」

：「えっ、これ15号よ！」

1 売れる価格とは 買主がトクする価格である

●売れる価格とは

「経営の死命を制するのは値決めです」と、稲盛和夫氏（京セラ創業者、現名誉会長）は『京セラフィロソフィ』（サンマーク出版）の中で語っています。

不動産取引をマネジメントする不動産業者にとっても、価格を決める「査定」は仕事の根幹と言えます。価格設定次第で売買取引の進行具合や、売主・買主の満足度が左右されるからです。

価格決めには買主の意向が影響します。価格査定とは時価や適正価格を見積もることではなく、「売れる価格」を導き出すこと。「売れる価格」とは見方を変えると、「買手が買ってもトクと思える価格」です。冒頭の稲盛和夫氏も同著で、値決めをする際の原則として「お客様が喜んで買ってくれる値段の一番高い点を見抜く」と書いています。不動産の価格査定にも買主目線が必要不可欠なのです。

ただ、不動産取引の場合は売主の納得や満足も必要です。

そのため売主・買主、そして不動産業者が「取引をしてよかった」と思える"三方一両得"の価格をつける、この難しい作業はプロにしかできず、不動産業者としては腕の見せ所と言えるでしょう。

重ねて言いますが、不動産取引における価格査定は「時価（適正価格）」ではなく、そこから「売れる価格」を導くことです。

宅建業法（第34条の2第2項）にも、媒介時には売主に対し価格の「根拠を明らかにしなければならない」とあります。「成約見込価格＝売れる価格」こそが「根拠」のある価格です。「どんな経緯があっても売

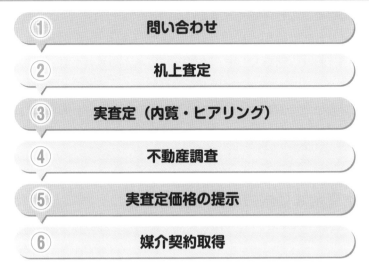

●価格査定の流れ

① 問い合わせ

② 机上査定

③ 実査定（内覧・ヒアリング）

④ 不動産調査

⑤ 実査定価格の提示

⑥ 媒介契約取得

れる価格が正しい」という不動産業界の格言は的を射ているのです。

　基本的な価格査定の流れは、問い合わせから始まり、売却の媒介契約を取得するまでの6段階に分かれます（上図参照）。

　① 問い合わせは売主から電話・FAX・メール・SNSで受けるのが一般的です。このときは「③実査定につなげること」「②机上査定のためにデータをもらうこと」という2点に留意します。

　前者でいえば、問い合わせの受け答え方は、売主に「面談したい」「不動産を見せたい」「ここに仲介してもらって売りたい」と感じさせるようにハキハキとした対応を心がけます。その時点で予想される成約価格はもちろん、自分の店の売買実績のPR、営業スタイルなどについて、具体的な数字を交えながら伝えましょう。

　後者については、机上査定のためのデータとして、この段階では「所在地（マンション名）」「面積（土地建物）」「築年数」「売却理由」の4点を聞ければ十分です。データは多いほど良いのですが、電話で多く尋

215

ねると嫌がられるので注意します。

　会話の中で「ご自宅を拝見させていただけませんか？」「不動産を確認しながらお話を伺うことができますか？」と必ず面談の提案をします。

　①問い合わせの締めとして、売主から了承を得られれば、面談の日時を決めます。所要時間は30分から1時間とし、「登記済権利証（登記識別情報通知書）」「間取図（建築確認通知書）」「購入時のパンフレット」「測量図」などを用意してもらうよう依頼します。

●机上査定は価格の目安を出すこと

　①問い合わせを終えたら、住宅地図で場所を、法務局で地番を確認したら、ネットで登記情報を取得します。物件が戸建や土地の場合で再建築上問題がありそうならば、この時点で役所に調査をかけましょう。

　その上で、おおよその価格帯を算出します。これが②机上査定です。あくまでも目安で十分です。後は、査定書にまとめて③実査定の日程に備えます。「査定書」「間取図」「デジカメ」「メジャー」「ペンライト」など調査を行う道具を持参できるように準備します。

●実査定は信頼を得ること

　③実査定の真の目的は、媒介契約を取得するために"売主の信頼を得ること"です。「売れる価格」の算定が目的と思われるかもしれませんが、価格よりも信頼を得ることの方がより重要です。

　多くの売主は価格も大事ですが、販売をまかせる不動産業者の担当者が「信頼できそうな人」かどうかも重視しています。そこで、約束の時間を守る、売主の意見を汲む、売主の立場に立って考えるなど、信頼を得るための対応をします。

　信頼の獲得を念頭に入れつつ、実査定は「挨拶・ヒアリング」「内覧・

調査」「価格提示・査定書の提出」の手順で進めます。

　挨拶・ヒアリングの段階では、売却理由と売却上の留意点を尋ねます。用意してもらった書類等にも目を通し、必要なものは預かって写しを取ります。登記済権利書等を提示されたら「所有者が誰か」と「登記受付の日付と番号」の確認を必ず行います。

　室内の内覧・調査では「売れる価格」を提示するために、買主の目線で物件を見ていきます。価格や購入決定要素、トラブルに関係することはすべて間取図にチェックを入れるか、メモをしておきます。

　なお、棚の中や個室内を開けるときは、売主に「開けてもよろしいですか」と同意を得てから開けるようにします。

　内覧とヒアリングを行って机上査定からあまり変化がない、追加で調べることがないと判断できれば、一通り終わった後に、⑤実査定価格の提示を行います。用意した査定書を売主に見せながら金額等について説明し、内覧の感想などを話していきます。

　実査定価格の提示を終えたら、「後日ご感想をお聞きしたいので電話をさしあげてもよろしいですか」と申し添えて、退去します。ここで許可を得ておくと、次のアプローチがしやすくなります。

　また、追加調査が必要で実査定価格の提示を後日に延ばす場合は、報告する日時を約束して退去します。

　なお、実査定は早ければ5分程度で終えることも可能ですが、それだけでは売主の信頼を得るには時間が足りません。売主に長いなぁと思われない時間、だいたい30分から1時間程度は、面談と査定の話をして、信頼を得るように努めましょう。

ここがポイント！①

価格査定では、この価格でいいかと悩むよりも、売主にどう見られているかを考えよう！

2 データを見過ぎると
査定でかえって失敗する

●価格査定における 8 つの原則

価格査定で留意すべき原則は 8 つある、と私は考えています。

原則 1. 買主目線で査定する

原則 2. 不動産種別によって異なる計算方法を利用する

原則 3. 時価と実際に売れる価格には 50％の幅がある

原則 4. 不動産が「汎用品」か「希少品」かを区別する

原則 5. エリアごとの価格相場や平均年収を考慮する

原則 6. データよりも現場で得たことを大事にする

原則 7. 誰もが良さを理解できる要素を価格に加える

原則 8. 成約までの営業方法を思い描く

実際には、これらの原則を組み合わせながら査定を行います。原則の中身を 1 つ 1 つ説明していきましょう。

原則 1. 買主目線で査定する

売主からの売却依頼ありきとはいえ、不動産業者が提示する価格は買主が「買ってトクと思える価格」。査定は常に買主目線で行わなければなりません。

不動産の場合は買主が 1 人でも、買う判断をするのは世帯という複数人であるケースも多く見られます。その世帯の総意として"買ってトク"だと思ってもらわなければなりません。

この原則は他の原則よりも大事な、査定の大前提とも言えます。

原則 2. 不動産種別によって異なる計算方法を利用する

　不動産の価格査定には、1）原価法、2）取引事例比較法、3）収益還元法という3つの手法があります。これらを、不動産の種別によって使い分けます。

　土地・戸建は1）原価法、マンションは2）取引事例比較法、収益不動産は3）収益還元法を主に利用といった具合です。もちろん、複数の手法を併用することもあります。

　価格査定の段階でどの手法を用いるかによって、プロとしての判断が問われます。

●価格査定3手法の説明

手法名	内容	主な該当不動産
1）原価法	同等の不動産を入手するのに要するコストで価格を求める。建物については経過年数や現況に応じた減価修正を行う	土地・戸建 収益不動産 その他
2）取引事例比較法	同等のものの市場での取引事例をもとに、対象となる不動産の価格を求める	マンション 土地・戸建 収益不動産 その他
3）収益還元法	対象不動産が生み出すであろう収益を還元利回りで計算して不動産の価格を求める	収益不動産 その他

原則 3. 時価と実際に売れる価格には 50％の幅がある

　時価と実際に売れる価格には差があります。私が考えるに、その差は時価と比べてプラスで20％、マイナスで30％と合計で50％の揺れ幅。差はかなり大きいと思います。

まず、下にふれる幅でいうと、時価の70％までいくと転売業者に買い取ってもらえます（買取価格は不動産やその価格によって時価の50〜80％と幅があります）。

　したがって、時価の70％はほぼ100％売れるラインと言えます。競売でも時価の70％を買取札が必ず入る最低売却価格としています。

　一方で上にふれる幅でいうと、私の経験則から、時価から2割増価格での売却は、一部の不動産では可能です。ただし、この時価の120％というのは残念ながら裏付けになるデータはありません。

　この増減計50％の幅のどこかに、「買手が買ってトクしたと思える価格」があるはずです。価格査定とはそこを見極めながら、売買価格を見つける作業と言えるでしょう。

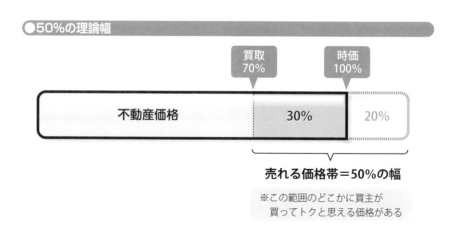

●50％の理論幅

買取
70％

時価
100％

不動産価格　　30％　　20％

売れる価格帯＝50％の幅

※この範囲のどこかに買主が
　買ってトクと思える価格がある

原則4. 不動産が「汎用品」か「希少品」かを区別する

　不動産が希少品なら時価よりも高い価格で売ることができます。反面、汎用品なら時価で売るのが精一杯です。汎用品は市場の需給関係に影響を受けやすいので、売り出しのタイミングによっては時価よりもかなり安くしか売れないことがあります。

したがって、価格査定の際には希少品か汎用品かの違いに注意します。ちなみに、その区別は同一エリア内に類似品があるかないかで判断します。

　不動産は他に同じものが２つとない商品ですが、購入の判断となる駅からの距離、面積、築年数といった指標においては類似商品が数多くあります。

　その類似品が多いほど買主の選択肢が増えるので、必然的に価格が抑えられ、値崩れがしやすくなります。

　たとえば、駅からの徒歩時間という尺度で見ると、徒歩１分ならその圏内には不動産の数も限られており、希少性がありますが、徒歩15分となると類似商品が多いはずで、汎用品と言えます。

　なお、新築は希少品です。そのエリアで販売される数は限られており、だからこそ新築は根強い人気があるのです。

原則 5.　エリアごとの価格相場や平均年収を考慮する

　エリアごとに売れる価格帯、相場があります。たとえば、「このエリアの戸建なら 4,000 万円までは動きが良い（＝売れる）」という言い方をします。価格帯や相場は、そのエリアに住む人たちの年収や生活水準によって決まります。

　仮に、戸建は 4,000 万円が上限と目されるエリアに 1 億円の戸建を売り出すとどうなるか。やはりなかなか売れず、最終的には価格の下方修正を迫られるでしょう。

　反面、戸建は 4,000 万円上限のエリアに査定価格 3,000 万円の戸建があって、3,500 万円という値付けをしたらどうでしょうか。エリア相場内の価格ですから売れる可能性があります。

　価格査定の際にはこのようなエリアの価格帯、相場を常に考えておきましょう。

原則 6. データよりも現場で得たことを大事にする

新人の頃は現場経験がないため、査定も既存のデータに頼ってしまいます。

たとえば、同一マンション内で同じ面積の部屋が 2,000 万円で成約をしている事例があったら、たとえ眺望が抜群に良い部屋で価格に違いが出ることが明確でも、同じ価格帯での値付けをしがちです。

頑張っても 2,100 万円ぐらいで、2,400 万円といった値付けはよほどの勇気がないとできません。ですが、現場からの眺望を見て、「買主が買ってトクだと思う金額」が 2,400 万円となるなら、責任をもってそう売主に提示すべきです。

一方で、データ上は 2,000 万円でも、半地下にあるなどが理由で査定をすると 1,500 万円にしかならない不動産もあります。こうしたケースでも、現場感覚に基づき、自ら判断するべきです。

データは絶対ではありません。現場の 1 つ 1 つの判断はデータを大きく離れた動きを示すことがあります。

かつて、大手転売業者の幹部と一緒に買取査定に出向いたときのことです。正面からマンションを見て「このマンションは顔が良いからデータ以上で売れる」と断言され、予想以上の買取額を提示されたことがあります。実際に買取後の転売でも、その通りに売れていきました。

価格査定の際はデータにとらわれ過ぎず、現場を見て判断していきましょう。

原則 7. 誰もが良さを理解できる要素を価格に加える

買主は建築や不動産の専門的な知識がないケースが大半です。その買主が認めた価値が価格になります。

したがって、専門的な知識がないと優劣がわからない不動産の構成要

素に関しては、価格に反映できないと考えるべきです。特に機能面についてはそれが顕著になります。

たとえば、マンションで言うと2重床やスラブ厚などの遮音防音性、ペアサッシや外張断熱などの断熱性、給排水管の劣化度などの機能の優劣は価格に影響しにくいと言えます。

また、戸建であれば耐震性や気密性などが、価格に反映しにくい機能といえます。

住む価値を高めるこれらの機能性については、本来は価格への反映があって然るべきなのですが、残念ながらその優劣を買う側が理解しづらいため、価格への影響は小さいと言えます。

一方、誰が見てもわかる立地、駅からの距離、面積、築年数、室内の様子、外観などの諸要素は価格に反映できます。誰でも容易にその価値が理解できるからです。

価格査定の際は、このように誰でもわかる要素を価格に加えていき、反面、わかりづらい要素は価格から省いていきます。「あれもいい、これもいい」では、いつまで経っても価格査定ができません。

原則8.　成約までの営業方法を思い描く

競馬の世界では馬7割、騎手3割と、騎手の技量によって結果は変わ

ると言われます。不動産の世界も比較的その割合に近く、成約までには「不動産７割、営業３割」と営業が持つ影響力は３割程度。考えようによってはけっこう大きいと評価できます。

　価格査定の際も、不確定要素と言える営業の割合をどう考えるかがポイントとなります。想定顧客に対する営業方法など成約までのシナリオを描きやすい不動産ほど査定価格を高くできますし、またその通りに売れます。

　たとえば、３ＬＤＫ以上のファミリータイプで、立地も緑が多くかつ小学校が近いのであれば、想定顧客は小学生の子供がいる30 ～ 40代の家族とイメージしやすいでしょう。

　成約までの営業方法、営業トークも頭に浮かびやすく、買ってもらえる価格帯も、まず外れることはありません。

　価格査定は、成約して初めて、適正だったかどうかがわかるものです。ですから、成約までのプロセスについて、見通しを立てることも重要になってきます。

　ここまで、査定における８つの原則を挙げました。これらのベースとなったのは、『下がり続ける時代の不動産の鉄則』（幸田昌則著、日経ビジネス人文庫）に示されている「売買の鉄則10」です。これを私なりに実践し、修正を加え、理論化しました。

　この８つの原則を確立してから、私の査定の精度は上がり、販売実績も上がりました。ぜひ、参考にして活用してみてください。

ここが
ポイント！②

**不安でも、データではなく自分を信じ、
売れると思った価格を大事にしよう！**

3 納得できる根拠があって初めて価格は決まる

●時価を出してから考える

さて、原則を踏まえたところで、具体的な価格査定の計算方法について説明しましょう。

不動産会社が用いる価格査定の計算方法は、「不動産会社独自」「営業パーソン各自」「不動産流通推進センターの価格査定マニュアル」「東京カンテイなどの鑑定ソフト」という、おおむねこの4つの方法のどれかを用いていると思います。

ただ、もとを正せば前述した、1）原価法、2）取引事例比較法、3）収益還元法の3つの計算方法のどれか1つを利用するか、複数を併用しているのが実態です。その上で最終的に、各不動産会社や営業パーソンが「売れる価格」への補正をかけています。

したがって、具体的な計算方法は、大もととなっている3つの手法を理解できれば十分です。

●レインズの見方・使い方

具体的な計算方法に入る前に、レインズについて説明しておきましょう。レインズ（不動産流通標準情報システム）は中古物件や土地情報を交換するための不動産情報ネットワークです。

特徴は「不動産会社だけが使える」「売出の事例だけでなく成約した事例も閲覧できる」という2点にあります。

売出事例は数多くの不動産ポータルサイトのおかげで、消費者も不動

産業者もそれほど情報格差がありません。一方で、「不動産がいくらで売れたか」という市場評価を経た成約事例は、基本的にこのレインズだけでしかわかりません。

この情報格差により、不動産業者と消費者では査定能力に天地ほどの差が生まれるわけで、大きな武器になっています。

また、レインズでは需給関係を見ることができます。

成約事例が少ないのに売出事例が多い地域は供給が強いエリア、反対に成約事例が多いのに売出事例が少ない地域は需要が強いエリアとおおまかに判断できます。

価格査定の際に強気でいくか弱気でいくかの指標となります。

●不動産取引価格情報の利用

実勢価格を見る方法としては、レインズの他にも国交省が進める不動産取引価格情報（次ページ図）を利用する手もあります。こちらはレインズと違い誰でも見ることができますので、出先でレインズを利用できない場合に重宝します。また、成約事例の一部も見られます。

国土交通省「土地総合情報システム　不動産取引価格情報」
http://www.land.mlit.go.jp/webland/servlet/MainServlet

●原価法はm²単価に注意をする

では、ここから先は、1）原価法、2）取引事例比較法、3）収益還元法の3つの計算方法について、1つ1つ説明していきましょう。

まずは、1）原価法からです。原価法は、戸建や土地で用いることが多く、その計算方法は第4章の担保の評価方法（199ページ以降参照）とほぼ同じで、次ページの方程式を用いて算出します。

●不動産取引価格情報

■レインズ以外で唯一成約事例を公開しているサイト。不動産業者以外にはとても参考となる。

土地総合情報システム　Land General Information System

国土交通省

2019年第2四半期～2021年第1四半期の東京都杉並区阿佐谷南の土地取引件数 193 件　　取引件数の推移

検索条件： [種類] 土地 [地域] 東京都 杉並区 阿佐谷南 [取引時期]2019年第2四半期～2021年第1四半期
検索結果： 10 件中 1件目 ～ 10件目を表示中(1/1ページ目)

不動産取引価格情報　土地

詳細表示	所在地 ⬍	地域 ▼	最寄駅		取引総額 ⬍	坪単価 ⬍	土地面積 ⬍
			名称 ⬍	距離 ⬍			
1	杉並区 阿佐谷南	住宅地	阿佐ケ谷	7分	24,000万円	100万円	740㎡
2	杉並区 阿佐谷南	住宅地	阿佐ケ谷	3分	6,300万円	260万円	80㎡
3	杉並区 阿佐谷南	住宅地	阿佐ケ谷	5分	12,000万円	310万円	130㎡
4	杉並区 阿佐谷南	住宅地	新高円寺	9分	7,600万円	200万円	125㎡
5	杉並区 阿佐谷南	住宅地	新高円寺	8分	4,400万円	240万円	60㎡
6	杉並区 阿佐谷南	住宅地	新高円寺	8分	3,200万円	200万円	55㎡
7	杉並区 阿佐谷南	住宅地	南阿佐ケ谷	8分	20,000万円	180万円	360㎡
8	杉並区 阿佐谷南	住宅地	南阿佐ケ谷	5分	12,000万円	220万円	180㎡

出所：国土交通省ホームページ「土地総合情報システム　不動産取引価格情報」

Ⅰ．査定価格＝時価（建物価格＋土地価格）×補正（評点）

Ⅱ．建物価格＝1㎡当たり単価（円／㎡）×建物面積（㎡）
　　　　　　×（1－築年数／耐用年数）

Ⅲ．土地価格＝1㎡当たり価額（円／㎡）×土地面積（㎡）

　※補正は「売れる価格」への係数、評点

　※建物価格の1㎡単価と耐用年数は第4章を参照

　※土地価格の1㎡価額は①路線価額÷0.8、②公示価格、③成約
　　事例から算出した数字、この3点を組み合わせて検討する

　担保評価と違う点は「売れる価格」への補正がある点と、土地価格で1㎡当たりの価額に路線価額をそのまま利用しない点です。前者はともかく後者については少しわかりにくいので説明しますと、一般的に言って、次のような考え方が背景にあります。

時価（実勢価格）＝公示価格＝路線価額÷0.8（公示価格の80％）
　　　　　　　　　　＝固定資産税評価額÷0.7（公示価格の70％）

　つまり、路線価額は時価の約8割なので、路線価額を用いて時価を算出する場合は0.8で割り戻すことが必要なのです。ちなみに税務署でも時価算出にはこの8割戻しを利用しています。

　他の方法としては、時価とほぼ等しいと言われる公示価格や成約事例を利用して1㎡当たりの単価を導きます。

　なお、1㎡当たりの価額に固定資産税評価額の7割戻しを利用するケースはそれほどないようです。というのも、実際に査定に利用してみると、どうも路線価額や公示価格と比べて固定資産税評価額は安くなりがちだからです。よって、あまり利用しません。

　では、1）原価法を使った価格の算出経過について、事例を1つご紹介しましょう。

・建物　延床面積100㎡、築年数10年、構造は木造
　　※木造の耐用年数は22年である
　　※1㎡当たり建築単価は金166,375円とする
・土地　土地面積150㎡、路線価額200,000円/㎡
上記のような物件と条件の場合、

土地価格＝200,000円/㎡÷0.8×150㎡＝37,500,000円
建物価格＝166,375円/㎡×100㎡×（1－10/22）
　　　　＝9,075,000円

時価評価＝（37,500,000円＋9,075,000円）
　　　　＝46,575,000円

価格は 4,657 万 5,000 円となります。これに「売れる価格」補正をかけた数字が査定価格となります。

●取引事例比較法は事例次第

続いて主にマンションに用いる2）取引事例比較法についてご紹介しましょう。

レインズ等を閲覧して、同一マンション内や、築年数や立地が近い類似マンションの成約事例を数例ピックアップし、価格帯を見ていきます。

査定価格＝時価（事例の平均単価×面積）×補正（評点）
　※補正は「売れる価格」への係数、評点
　※事例数は多いほど良いが３〜５例で行うことが多い

事例は類似例をどれだけ集めれらるかが、正確な査定を行うポイントです。やはり駅からの距離、立地環境や築年数が異なる事例が多いと、査定価格が大きく変わってしまいます。

そのため、全く類似例がない場合は、同一エリア内の事例を集めて補正をより慎重に行うことで対処します。

なお、取引事例比較法で戸建や土地の価格を出した場合は、原価法で必ず価格の裏付けを取るようにします。

●収益還元法は想定利回り次第

最後に説明するのは、主に賃料を得る目的の不動産（収益物件）の価格査定に用いる収益還元法です。方程式は下記のとおりです。

査定価格＝（純収益÷還元利回り）×補正（評点）
　　※補正は「売れる価格」への係数、評点
　　※純収益は賃料等収入から経費等支出を差し引いたもの
　　※還元利回りは物件種別や構造、築年数などにより異なる

さっそく、事例を用いて計算をしてみましょう。

・一棟マンション（10室）、築年数10年、構造はRC造
・賃料収入年間1,080万円、経費（管理費）年間180万円
・築年数、構造から想定還元利回りを年8％とする
・補正は係数1.0とする

上記のような条件では、

査定価格 ＝ {(1,080万円－180万円) ÷ 8％} × 1.0
　　　　　＝ 1億1,250万円

となり、査定価格は1億1,250万円となります。

　この査定方法のポイントは、還元利回りをいくらにするかで査定価格が変わる点です。上記の計算では想定還元利回りを10％とすると査定価格は9,000万円となり、2,250万円も減ることになります。

　つまり、「買ってもらえる利回り」を想定する相場観が必要と言えます。

　この査定方法の欠点は、土地・建物ともに面積など収入以外の要素が除外される点です。

　土地面積が500㎡ある一棟マンションと100㎡のアパートが、空室が生じてたまたま賃料収入が同じだったとしても、価格が同一だとは常識的に考えにくいと思います。

　したがって、原価法も併用して価格の諸調整を行うことが必要です。

●結局は納得できる根拠次第

　3つの計算方法を示しましたが、結論から言うと売主・買主がいかにその価格で納得できるかで売買は決まります。計算は納得してもらうための根拠づくりと考えましょう。

　その納得のために必要なのが「結論」「根拠」「資料」「筋道（計算）」「主観」。この5つを押さえた査定書なら合格と言えます。

　価格については、口頭の説明だけでは、よほど物わかりが良い売主でないと理解してもらえません。しっかりと査定書をつくって説明するようにしましょう。

ここが ポイント！

③ どの方法で査定するかは、プロとしての見極め次第。売主と買主両方の目線で見つめよう！

4 「家を見て家を診ず」不動産査定の落とし穴とは

● 4 つの要素にふるい分ける

実査定で建物や現地、部屋を見たり、売主に特徴や問題点などをヒアリングするときは、次の 4 つの要素にふるい分けて考えます。

1）価格に影響する要素
2）購入判断に影響する要素
3）トラブルに関係する要素
4）前記 3 点に関係しない要素（無関係要素）

このように整理することで、価格査定の根拠が明確になり、査定から成約に導く営業方法の組み立てがラクにできます。

新人の頃は、見ること聞くことすべてが価格に影響するような錯覚に陥ります。そうなると価格査定の根拠が不明瞭になります。222 ページの原則 7 書いたとおり、実際には価格に影響しない要素があるので注意しましょう。

繰り返しますが、価格に影響する要素は誰でもわかる要素です。立地、新しさ、室内のきれいさ、外観などの見た目、明るさ、売主の雰囲気、景色、周辺環境などです。

なぜなら「〜だからこの価格なんですよ」と、買主がわかる範囲内で理解が得られるからです。そのため、これらの条件が良ければ価格を高くしていきます。

一方、防音や遮音といった機能性、設備機器、管理状態などは、前にも述べたとおり、その優劣は価格には入れません。ただし、機能性等の優劣は利用する段階になれば重要な要素ですから、購入の判断に影響す

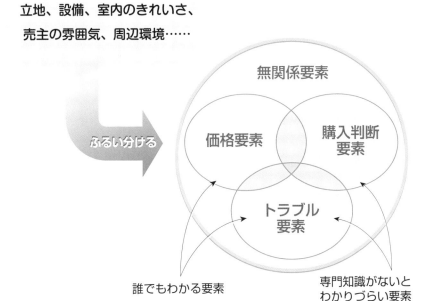

立地、設備、室内のきれいさ、
売主の雰囲気、周辺環境……

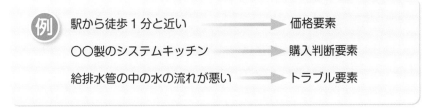

る要素としてとらえます。

　トラブル要素は買主にとっては後日、不安となってくる要素です。この要素については何らかの改善提案をしていかなければなりません。なお、該当物件で過去に事件があったことなどに起因する心理的な瑕疵も、価格や購入判断に影響するトラブル要素と言えます。

このように実査定時にさまざまな要素を整理することで、査定価格の根拠を明確にしていきます。

●「家を見て家を診ず」ではイケナイ

「他の会社の方は査定に来られても全く家を見てくれないので不満に思っていました」

これは、過去に実査定をした際に、設備など一通りチェックをし終えた後に売主から聞かされた言葉です。

では、他社の営業担当者は何をしていたかと言うと、実査定に来ているのにもかかわらず家を全く見ず、成約事例を見せて「〜だからこの価格です」と話すだけだったそうです。

売主からこの手の話をよく聞きますので、決して一部の例外ではないようです。「家を見て家を診ない」ではいけないのです。

●実査定はプロとしてのPRの場

売主は実査定の際に「この営業担当者や業者に依頼するべきか」を判断します。売主と営業の接点は、売却依頼前はこの実査定のときしかありませんから、必然的にそうなります。

営業担当者としては売却依頼へつなげるために、プロとして当然の「誠意」「自信」「根拠」ある対応を心がけます。特に"なぜその価格なのか"という「根拠」はプロと素人を分ける重要な点です。

「プロの目利きは違う」と言われるように、相手方が理解しやすいよう、手順を踏んでロジカルに説明できるように準備します。実査定はプロとしてのPRの場と考えて臨みましょう。

●他社の悪口は決して言わないこと

　売主は実査定の際に、2〜3社前後の不動産会社を呼ぶのが一般的です。そこから依頼につながるかどうかは、競合他社との相対的な比較となります。

　そのため、常に競合他社の担当するエリアの営業がどういったタイプなのか、どういう営業方法や癖を持つのかをチェックするようにします。孫子のいうところの「敵を知り、己を知れば、百戦危うからず」です。

　ただ相対比較だからと言って、他の不動産業者の悪口を言うことは厳禁です。他社を落として自分を上げるのは、自信のなさの裏返しですし、そもそも売主に不快感を与えてしまいます。

　逆に、競合相手がこちらの悪口を言っているようでしたら、それこそラッキーと思いましょう。

●高い提示価格の方が良い？

　売主に実査定価格を伝える際に「出来る限り高い価格を提示した方が良いのか？」と悩むことがあると思います。

　売主も「まずは高い価格から始めて」と考えていますし、私たちも「高い価格を提示する」＝「販売に努力します！」と考えがちだからです。本当によく悩みます。

　ただし、価格は「売れる価格」でないと意味がありません。ふっかけるような価格提示は、結局のところ時間ばかりを浪費し、回りまわって売主に迷惑をかけるからです。

　したがって、査定価格の範囲内であるなら、できる限り高い価格を提示した方が良いと言えますが、範囲外の価格提示はやめた方が良いということです。

　「他社は○○万円だったよ」と競合他社が法外な高価格を提示している

ようだったらどうするべきでしょうか。その場合は、取引実績を PR しつつ、価格の根拠を述べるようにします。

　たとえば、「このエリアでの戸建は8件ほどお手伝いをさせていただきました」などとさりげなく伝えるのです。その上で「この実績だから、この価格提示です」と訴えます。これが効きます。

　それでも理解してもらえない場合は、結局のところどうやっても売れませんので、見送っても良いと思います。買主は売主よりもお金の見方に厳しい方が大半です。理由のない高い価格をそう簡単には容認しないでしょう。

　「売却依頼を取らないと始まらないからと、高い価格を提示して媒介契約を取り、契約した後は徐々に売主に価格を下げさせて適正価格にしていく」というやり方は、おすすめできません。それをするくらいなら「当初は高い価格で売り出して、様子を見て販売状況が今一つなら、価格を下げていくのではいかがですか?」と提案すべきです。

　売主も納得した上でこうした駆け引きをしているなら問題ありませんが、単なる素人騙しなら、最後は信頼を損う形で自分にツケが回ってきます。やむを得ず高い価格を提示しなければならない場合でも、プロとしての提案を行い、査定は慎重に進めましょう。

ここが
ポイント!

④ 不動産はさまざまな要素で構成されている。買主がその良さをわかる要素だけが価格に転嫁できると心得よ。

第**6**章

最後の仕上げ！
重説と売契で
留意すべきポイント

重要事項説明と売買契約は、
似て非なるもの

：「今日は神がかっているな。スラスラ重説（重要事項説明書）がつくれます～。午前中いっぱいで作成できそうだ！」

：「転勤したD君がやった同じマンションの重説をそのまま写しているだけだから、そりゃスラスラできるでしょ」

：「先輩！　失礼ですよ。自分なりにアレンジしてますって。それに初めてつくるんだからそんなもんですよ」

：「そんなことを言ってる時点で半人前だよ。重説と売契（売買契約書）に関するトラブルはとにかく多いんだから、気をつけて作成しなさい。そう言えば資料は新たに取り直したんでしょうね」

：「それが時間がなくて、D君のときの資料をそのまま使わせてもらってます」

：「あれって半年前のことでしょ。内容が変動する資料は重説作成の時点で最新のものを取り直すのが原則よ」

：「スミマセン！　正確には8カ月前の資料なんですが……。一通り作成してから法務局と市役所に行ってきます」

：「重説で誤った事実を伝えた場合、取引士のペナルティもあるけど、会社に与える損害の度合も大きいから気をつけるのよ。

しくじったら社長からド突かれるわよ」

：「わかりました！　ところで先輩、重説と売契って同じことを
書くところが多いのに、何で2つに分けるんですか？」

：「そもそも重説と売契って性格が違うのよ。重説は取引士が買
主に、その不動産がどういう制限や問題があるかを説明するも
の。一方で、売契は契約する当事者同士の取り決めをまとめた
ものなの。でも、契約での特約事項は特に重要だから、重説に
も重複して書くことになるのよ」

：「あれっ、そうなんですか？　重説に特約事項を入れていたかな。
書いている内容も自信がなくなってきたな〜」

：「重説見せてみなさいよ。何これ。専門用語を使っているだけで
わかりづらいし、変にサッパリしているわね。これじゃお客さ
んがいくら説明を聞いてもわからないわよ。アンタ、宅建持っ
てないんでしょ。説明する人がかわいそうね」

：「あれ先輩、店長から聞いてなかったですか？」

：「何を？」

：「先輩に、取引士として説明してもらうんですよ」

：「なにそれ！　だったら私、この会社やめようかな。貯金も十
分にたまったからね。重説は店長にでも頼みなさい！」

1 重説と売契が「口約束の総決算」と言われる理由

●重説と売契の大きな違い

　取引内容がまとまり契約の段階になりますと、不動産業者は「重要事項説明書（以下、重説）」と「売買契約書（以下、売契）」を作成し、買主への説明および売主・買主ともに交付することになります。

　重説とはその名のとおり、不動産の売買等において不動産業者が不動産の買主（取得する者）へ、不動産の権利状況など最低限伝えなければならない重要なことを書面としてまとめたものです。なお、売主には説明する義務は法律では課せられていませんが、実務では、重説の内容に間違いがないことを確認してもらう意味で説明しておきます。

　宅地建物取引業法（以下、宅建業法）第35条では、宅建業者から買主等へ、宅地建物取引士（以下、取引士）によって、売買契約前に重要事項を説明することが義務付けられています。

　説明すべき項目は、宅建業法第35条に列記された項目に加え、「購入の意思決定に関係する項目」「取引の目的に関係する項目」「お金に関係する項目」「契約不適合に関係する項目」の4点になります。

　この4点は宅建業法第31条および媒介契約書に基づくものです。宅建業者には、そのことを知っていれば買わなかった、あるいは、予算が大幅に変わってしまったなど、取引の当事者が不測の事態に陥らないようにする義務があるからです。これらを念頭におき説明します。

　一方、売契は不動産の取引条件をまとめた書面ですので、宅建業者は当事者とは言い難く、説明自体は宅建業法上（第37条）では義務付け

られておりません。書面の交付のみです。

　ただ媒介契約では、「善良な管理者としての注意義務」（民法第644条・656条）があるため、宅建業者が読み上げ、内容の説明を理解できるように行うことが必要です。

　重説と売契は、同じ内容が重複するので混同しやすいのですが、位置づけに大きな違いがあります。重説は宅建業者が買主等に説明するものであり、宅建業者や取引士が当事者となるので責任が重いのに対して、売契は売主・買主の取引をサポートする立場であり、当事者とは言い難い分、内容についての責任は重説と比べて軽くなります。このように捉えておけば、各々の取り扱いがよく見えてくるものと思います。

　ともに取引の過程で生じた売主・買主の話や口約束を総決算する書類と言え、とても重要なものです。国土交通省の令和2年3月の調査では、不動産取引に関して、行政に寄せられた苦情や相談は令和元年度で総数785件であり、うち半数以上の421件が重説と売契関連のものです。

　なお、宅建業法では重説で説明をしなかったり、誤った事実を伝えてしまった場合は、免許登録の抹消を含む監督処分や300万円以下の罰金などの重いペナルティがあります。

　トラブルになりやすいところですので、慎重にまとめていきましょう。

●重説と売契の違い

	内容	責任
重要事項説明書 （重説）	宅建業者が買主等に交付し説明するもの	説明当事者であり責任は重い
売買契約書 （売契）	宅建業者が売主、買主に交付するもの	売買当事者ではないので重説ほど重くない

241

●宅建業者の責任にはならない範囲

　このように宅建業者の説明責任は大変重いと言えますが、だからと言って不動産のすべてを知った上で説明をすることは不可能です。では、どの程度以上の説明が必要なのでしょうか。

　宅建業法第47条にはこうあります。重要な事項について、「故意に事実を告げず、又は不実のことを告げる行為」を禁止する。これは昭和27年に宅建業法が制定されたときからある条文で、宅建業者の業務の根幹の条文です。また、顧客と締結する媒介契約には善管注意義務があるとされています。

　この2つの法律から、裁判所の判例を見てみると、以下の場合は宅建業者として説明しなければならないようです。

　① 宅建業者の専門内で高度な知識を必要としない事項
　　（弁護士の解釈が必要な権利関係などを除く）
　② 宅建業者の専門外のことでも容易に把握できる事項
　　（壁が壊れている、家が傾いているなど）
　③ 取引当事者から説明を受けている事項
　　（自殺などの心理的瑕疵など）
　④ 誰でも調査をすれば容易に把握できる事項
　　（行政の規則、周辺環境、ゴミの集積場所など）

　簡単にいうと「宅建業者の専門と言える法律的なことは高いレベルにて説明をしなければならないが、宅建業者の専門外である建築など物理的なことは誰でもわかる範囲の説明で良い」「取引当事者しかわからないことは説明しなくとも良いが、知っていたり、普通に調査すればわかることは説明しなければならない」ということです。

●重説の内容は人によって変わる

重説の内容は、購入の意思決定に関係する事柄や、取引目的に関係する事柄により変わってきます。

宅建業法第35条の例示や会社で決めている最低限の項目は書かなければなりませんが、それ以外の事柄については、あのときは書いたから今回も書かなければならない、説明をしたから書かなければならないということはありません。

あくまでも内容は、取引当事者によって異なる相対的なものであることを理解しておき、それゆえに取引当事者たちに取引の目的を深くヒアリングをしておくことが必要です。ヒアリングによって調査を行い、重説に反映していきます。

**ここが
ポイント！**

① 重説では、誰でもわかることは
徹底的に調査し説明する。
責任の範囲をきちんと見極めよう！

2 重説がうまくいくポイントは「現況」「根拠」「平明さ」

●重説の目的とその書き方

重説の目的は「不動産の買主に最低限、重要と思われることを知ってもらう」ことで、その主旨は「買主を不測な事態に陥らせず、不利益を被らせないこと」にあります。

そのため宅建業法第35条で説明が義務づけられている「Ⅰ.対象となる宅地又は建物に直接関係する事項」「Ⅱ.取引条件に関する事項」「Ⅲ.その他の事項」の3つと、媒介契約に基づく1）購入の意思決定に関係する項目、2）取引の目的に関係する項目、3）お金に関係する項目、4）契約不適合に関係する項目の4つ、合計7つの事項について

●重要事項説明書の目的、内容、書き方

重要事項説明書	留意する点
目　的	「不動産の買主に最低限、重要と思われることを知ってもらう」ことで「不測な事態に陥らせたり、不利益を被らせないこと」
内　容	● 宅地建物取引業法第35条による事項 　1）対象となる宅地または建物に直接関係する事項 　2）取引条件に関する事項 　3）その他の事項 ● それ以外で重要と該当する事項 　4）購入の意思決定に関係する事項 　5）取引の目的に関係する事項 　6）お金に関係する事項 　7）契約不適合に関係する事項
書き方	「現況」「根拠」「平明さ」を念頭において書く
文　章	「～します」「～です」と説明調で書く

は記載しなければなりません。

　記載する内容はわかったとして、では具体的にその内容を「どのようにどこまで」書いていけば良いのでしょうか。

　私は新人の頃、悩むことが多々ありました。

　そこで、国土交通省が通知通達するガイドラインやトラブル集、裁判所の判例を読みこなしていき、自分なりの答えを得ました。

「現況」「根拠」を「平明さ」で書いていく。

　これがその答えです。その理由は「現況」と「根拠」で買主に判断材料を与え、かつ「平明さ」で買主の勘違いを防ぐためです。

　判例を見ると、裁判所はこの3点を押さえておけば、宅建業者の責任は果たしていると考えているようです。

　「現況」とは「現時点の状況と調査結果」を書くことです。調査しても不明なことは「調査をした結果は不明である」と書きます。

　新人の方は、不明と書くと調査をサボった印象を与えてしまうので、憶測を書いてしまうか、全く記載しないかどちらかを選びがちですが、それは買主に誤った判断を与えてしまうので厳禁です。

　調査をしても不明なことは不明で構いません。取引の目的に沿った専門外の事柄でも、専門家の調査をしなかった場合は「（専門家の）調査を入れなかったので内容が不明」とその旨を記載すれば十分です。

　2つめのポイントである「根拠」とは、記載内容が何の調査および資料に基づくものなのかをきちんと書くことです。

　たとえば、道路の幅で建築の容積に影響するのは、1）建築基準法上の幅員と、2）現況の幅員の2つだけですが、道路幅と呼ぶものは、他に3）道路管理上の認定幅員、4）所有権界の道路幅員と2つあります（それぞれの詳細については次ページ参照）。

　そのため、重要事項説明に認定幅員の数字を採用する場合は「認定幅

種類	内容
1 建築基準法上の道路幅員	建築基準法上、認められる道路の幅員。建築指導課で該当の有無などの確認が取れる。主に防災上の避難経路として考えている
2 現況道路幅員	実際に現地で計測をした道路の幅員。側溝がある場合は側溝の外側から反対側の側溝外側までが幅員となる。私道の場合は、建築基準法上の幅員は現況幅員とすることが多い
3 認定道路幅員	行政が把握し管理をしている道路（公道）の幅員。道路課などで確認が取れる。公道は不特定多数の往来に寄与するのが前提であるため、行き止まりとなる道路は公道でない可能性が高い
4 所有権界の道路幅員	一見1つの道路に見えても公道、私道など異なる種別の道路が混ざっていることがある。その境までの道路の幅員。登記事項証明書や公図などで確認する

員である」と明記し、他の3つと混同しないようにします。

　もし、認定幅員の道路幅をそう明記せず書き、建築基準法上の幅員が認定幅員よりも狭く建築の容積が小さくなった場合は、買主に誤った判断を与えたとされ宅建業者の責任になるので注意します。買主の目的に合致した根拠をもって数字を使いましょう。

　3つめのポイントは「平明さ」です。「～だから～である」と、買主にわかりやすく明確に結論まで書いていきます。

　平明さのポイントは、現況→根拠→影響の順に書くことです。

　たとえば、再建築ができないという「現況」であれば、前面道路が建築基準法上の道路ではないという「根拠」を述べ、そのため家を建て直したくなってもそのままではできないという「影響」を筋道立てて説明できればわかってもらえます。

　重説の問題点は、不動産のプロでない限り1つ1つの内容が相互にど

う関係し合って買主自身に影響するかがわかりづらいことです。それを丁寧に説明してあげることに、プロとしての存在意義があるでしょう。

　重説では、「現況」「根拠」「平明さ」という３点を押さえておけば、買主に誤った判断を与えたとされることはないでしょう。

　なお、実際の重説の文章は「〜します」「〜です」とですます調で書きます。私たちが説明をする文章ですから敬体が望ましいと言えます。

●調査資料はいつのものを利用する？

　重説は、１）取引目的の確認→２）調査および資料収集→３）取引条件の整理→４）重説の作成という順で進めますが、説明する側にとって最も気になるのが、参照する資料の有効期限です。

247

判例（東京地裁、昭和59年2月24日）にはこうあります。「宅建業者が店舗の賃貸借の仲介をするにあたり、1カ月前に受領した登記事項証明書を過信し、権利関係の再調査をしないため、店舗がすでに第三者の手に渡っているのに気付かず、物件説明書を作成して賃貸借契約を締結したのは、仲介行為に過失がある」

　このように、権利変動の可能性がある登記事項証明書は1カ月前では古すぎる、としています。このことから考えられるのは、「買主に不利益を被らせる」「常時変化する」可能性のある資料は、常に重説の説明直前に取得するということです。

　逆に言えば、買主への影響が小さい、変化も乏しい資料は多少古くても問題ないと言えそうです。私自身は次のように区別しています。

　1）重説の登記事項証明書と取引目的に関係する資料
　　→重説の作成および説明直前（前日もしくは前々日）に（再）取得
　2）その他の資料（公図、建物図面、行政資料など）
　　→媒介契約前後から半年を有効期限として取得
　　（ただし、内容に変化が見られた場合は再取得します）

　何度も登記事項証明書を取得するのは面倒ですが、「買主の不利益とならないようにする」ことが重説の大事なポイントですので、手を抜けません。万一を考えると、その手間と費用はとても安いと言えます。

ここがポイント！ ②

「ありのまま」「何を見て」「わかりやすく」という3つの姿勢が重説には求められていることを理解しよう！

3 重説でカバーしておきたい 「8つの項目」を総ざらい

●重要事項説明書のポイント

重説の各項目において何をポイントとして書いたら良いのか、表にまとめてみました。まずは、ご覧ください。

●重要事項説明書に書く内容とポイント

重要事項説明書の 各項目	書く内容と そのポイント	参照する資料
1. 不動産の表示	取引の対象となる不動産を特定し明示する。未完成や未登記など形や数字に現れていない部分の取り扱いも明確にする	登記事項証明書・評価証明書・測量図・公図・建物図面 ヒアリング
2. 売主の表示と占有に関する事項	登記名義人と真の所有者が誰かを明示する。また、その所有権を侵害する賃借権などの占有事項を書く	登記事項証明書・賃貸借契約書 ヒアリング
I. 対象となる宅地又は建物に直接関係する事項		
1. 登記記録に記載された事項	第三者に対抗できる登記名義人は誰か、所有権の行使を阻害する第三者、抵当権者は誰かを明示。それらに該当する人がいる場合は住所・氏名・債権額を明確にする。区分所有建物で敷地権の場合は土地と建物を分けて処分できないことを明示する	登記済権利証（登記識別情報通知）登記事項証明書 ヒアリング

2.	都市計画法、建築基準法等の法令に基づく制限の概要	買主の意図する土地建物の利用ができるか、再建築ができるか、買主に不測の損害を与える恐れがないかを各種法令の制限から明確にする。区分所有建物の場合は現行法で既存不適格になっていないかに注意	行政資料一式 ヒアリング
3.	都市計画法・建築基準法以外の法令に基づく制限の概要	都市計画法・建築基準法以外の各種法令で買主の意図する土地建物の利用が可能なのか、もしくは何か制限されることがあるのかを明確にする	行政資料一式 ヒアリング
4.	私道に関する負担に関する事項	提供する私道の面積、私道を利用する際に伴う費用負担や承諾関連、接面する私道の所有者を明確にする。私道が関係なければパスする	登記事項証明書 公図 測量図 ヒアリング
5.	各災害警戒区域内か否か・水防法に基づく水害ハザードマップの有無	土砂災害等の各種警戒区域内か否かを明示し、水害ハザードマップの有無と、あるなら対象地における影響を書く	行政資料一式 水害等各種 ハザードマップ ヒアリング
6.	各種調査記録	石綿（アスベスト）使用や耐震診断、建物状況調査の調査診断をしているかの有無を明示。不明なら不明と書く	各種調査記録の報告書
7.	建物の建築及び維持保全の状況に関する書類の保存状況	適法に建築されたかどうかを明確にする。違法建築の場合はその安全性に疑義があること、特定行政庁から建物を壊すことを命じられる可能性があることを明示する	建築計画概要書 建築確認通知書 台帳記載事項証明書
8.	飲用水・電気・ガスの供給施設及び排水施設の整備状況	現況が直ちに利用できる状況か、配管状況（口径）はどの程度か、整備されていない場合は今後どれくらいの費用と時間がかかるかを明示する	配管図面一式 現地調査 ヒアリング

区分所有建物における追加事項

9.	専有部分の用途その他の利用の制限に関する規約の定め	買主の意図する部屋の利用ができるかを明示。事務所など住戸以外の利用、ペットの飼育、フローリングの制限、楽器の使用が主だが、それ以外にも用途制限がある場合はすべて書く	管理規約 使用細則 管理に係わる 重要事項報告書 ヒアリング

▼

10.	専用使用権に関する規約等の定め	共用部分だが専用使用権となっている箇所を明示する。利用する際にかかる費用や、駐車場の利用継承権、車庫寸法は記載しておくと良い	管理規約 使用細則 管理に係わる 重要事項報告書 ヒアリング
11.	計画修繕積立金等に関する事項・通常の管理費用の額	管理費、計画修繕積立金、その滞納額、一棟の積立金を明示し、買主の今後の負担を明確にする。滞納額は新所有者がその負担を引き継ぐことに注意	管理に係わる 重要事項報告書 ヒアリング
12.	その他（管理）	近い将来の管理費等の値上げ、大規模修繕の一時金負担、未販売住戸の管理費等免除など買主にとって不測の費用負担が生じること、もしくは不利になることを書く	管理に係わる 重要事項報告書 ヒアリング

Ⅱ. 取引条件に関する事項

1.	代金・交換差金及び地代に関する事項	売買代金と土地建物、その消費税の内訳。 交換差金や地代を書く	土地賃貸借契約書 ヒアリング
2.	代金及び交換差金以外に売主・買主間で授受される金額	売買代金以外の金銭授受で売主・買主両者の勘違いを無くすのが目的。固定資産税、賃貸料などはできるだけ目安金額を書くほうがわかりやすい。「日割精算」でも可	固定資産税納税通知書 賃貸借契約書 ヒアリング
3.	契約の解除に関する事項	売主・買主双方への解除条件の周知が目的。約定解除はここにすべて書き込む。 解除期限は必ず明示する	ヒアリング
4.	損害賠償額の予定または違約金に関する事項	違約した場合の違約金がいくらになるかを明示。手付金より下回らないように注意する。なお、どのようなケースが違約となるかは説明しておく	ヒアリング

▼

5. 金銭の貸借に関する 事項	ローン特約を付けている場合は、この欄記載の融資条件が全部もしくは一部否認されたとき解約となることに注意。"あっせん"とは不動産業者ですべて手続きを行うことで、一般的な紹介は"あっせん無し"となる	ヒアリング
6. 土地の測量によって 得られた面積による 売買代金の精算	売買契約の締結後、確定測量をもって面積に差が生じた場合に、1㎡当たりいくらで精算するのかを明示する。あくまでも確定測量実施が条件となる	確定測量図
Ⅲ. その他の事項		
	ここまでで記載のなかった 1) 購入の意思決定に関係する 　事項 2) 取引の目的に関係する事項 3) お金に関係する事項 4) 契約不適合に関係する事項 について書く。主に取引条件、周辺環境、物件状況などの情報が中心で買主に知ってもらいたい、容認してもらいたいことを書く	さまざまな 調査資料一式 ヒアリング
Ⅳ. 付属書類		
	重要事項説明に関係する資料は一式付属書類として買主に手渡す	さまざまな 調査資料一式

●未登記建物は書き方に注意

　見ていただいた通り、重説の項目数はたくさんあります。この中で私が新人の頃、理解していたら良かったなと思うのは、次の8項目についてでした。

1）不動産の表示

2）売主に関する事項

3）敷地と道路の関係

4）各種条例

5）飲用水・電気・ガス・排水施設の整備状況

6）建築確認・検査済証

7）駐車場の専用使用権（マンションのみ）

8）その他の事項

この8つについて1つ1つ紹介していきます。

　まず、1）不動産の表示ですが、この項目の目的は売買契約の後、売主から「それは売るつもりがなかった」と言われないように、売買対象の目的物はどこからどこまでかを明確に特定し記載することです。

　売買対象範囲は、売主からの告知や、登記事項証明書や評価証明書、設計図書といった資料、現況の確認により正確に売買対象物を把握できる場合は、そのまま書き込みます。

　一方、増改築をしたのに未登記の状態で、かつ図面が紛失しているなど正確に面積が把握できないときは、その旨を記載して「本物件敷地上にあるすべての未登記建物部分を含む」とします。

　未登記建物部分がある場合は、買主は金融機関から融資実行時に表示登記を求められることがあるので、どちらにしろ売主側で事前に登記をしていた方がいいかもしれません。

　なお、車庫やカーポートなどの工作物で評価証明書や登記上で把握できないものも「附属建物や工作物その他一切を含む」としておきます。こうすることで不明瞭さをなくします。

　また、戸建など建物は登記事項証明書と評価証明書で種類、構造、面積などの記載が異なるときがあります。

　その場合は「登記事項証明書と評価証明書では記載内容が一部異なり

ます」と現況の状態をそのまま書きます。マンションの場合は壁芯の床面積と登記上の床面積を並列して書きます。

こうすることで、買主は売買対象とその範囲が明確にわかりますので、勘違いは起こらなくなります。

●登記名義人と真の所有者

2）売主に関する事項では、登記名義人と売主が一致しているのか、違う場合はその理由と私たちが何をもって登記名義人でない人を売主と判断しているかについて書きます。

たとえば、登記名義人が亡くなっている父親で、その子供が相続人で売主になっているケースがあります。

その場合は「登記名義人と売主は異なりますが、相続登記が未登記であるためです。遺産分割協議書にて売主が所有者と確認しております。相続登記を行ってから買主に所有権移転を行います」と書き、根拠を明確にします。

買主は契約時において手付金を支払う立場です。登記名義人と売主が異なる契約は、手付金を持ち逃げされるなどリスクが高くなります。しっかりと調査を行い、なぜ売主と判断したのかを記載し説明するようにしましょう。

●道路幅員と接道長さの根拠は何か

3）敷地と道路の関係を書く目的は、その不動産で再建築ができるか、どの程度の規模の建物を建てることができるかの2点を明示することですから、関係する道路幅員や接道長さの数字が何を根拠にしているのかが重要になります。

246ページでも図表で説明しましたが、道路には①建築基準法上、②

現況上、③認定上、④所有権界上、と4つの幅員があります。

　そして建物については、①建築基準法上、②現況における幅員と接道長さが影響してきます（容積率が200％の第一種中高層住居専用地域では前面道路が4mなら4m×4/10ということで160％まで容積率が制限されます。建物によりますがほぼ1層分が建築できなくなるわけですから、注意します）。

　③、④の2つの道路幅員を書いて買主が勘違いして契約を済ませ、後で建物を建築する際に、実は①、②の数字と異なり、意図した建物が建たなくなったではトラブルになります。

　重説にはしっかりと「建築基準法上の道路幅員では4mである」「認定道路幅員では5.5mである」と採用した根拠を書くようにします。

●条例は注意喚起をする程度で十分

　4）各種条例は、行政における建築の制限に関する条例です。

　戸建は比較的影響が少ないのですが、マンションやアパートなどの特殊建築物を建てるときには、さまざまな制限を受けることがあるため、調査により関係する条例はすべて書きます。

　書き方は条例の内容のうち「どのような影響があるか」だけを抜粋して書き、残りの詳細は別添資料参照とするので構いません。

　たとえば、私の会社がある東京都杉並区では、東京都建築安全条例における新たな防火規制区域に指定されているエリアがあります。

　そのエリアにおける取引の重説には「東京都建築安全条例における新たな防火規制のため、延床面積500㎡超か4階以上の建築を建てる場合には、耐火建築物としなければなりません。詳細は別途資料をご参照ください」と書きます。

　準耐火建築物と耐火建築物では、それ以外と比べて建築のコストが高くなるので重要な条例です。ただ、重説で詳細をすべて述べるのはス

ペース的に難しいですから、注意喚起をするだけで十分です。

●ライフラインは現況と予測される費用負担を書く

5）飲用水・電気・ガス・排水施設の整備状況では、ただちに使える
ライフラインの現況と、将来予測される費用負担について書き、買主の
不測の費用負担を避けるのが目的です。

各種排水管との接続や口径を記載するのはもちろん、未接続ならば接
続する際にいくらかかるか、上水道を 13mm から 20mm に替える費用、
プロパンガスから都市ガスへ替える費用、建替えする際の浸透桝の設置
費用など買主の取引目的によっては事細かく書く必要があります。

特に、配管が私道を経由している場合は上下水道の負担金や承諾など、
何らかの費用負担があるものと考え、入念に調査を行うことが必要です。

●財産としての価値がある不動産なのか

6）建築確認・検査済証の各番号を書く目的は、番号があることで建
物が建築基準法上適法に建てられたことを明確にし、財産としての価値、
安全性に問題がないことを示すためです。番号がない場合は価値、安全
性の根拠が不明瞭ということです。

戸建の場合は検査済証を取得していないことも多く、さらに築年数が
古い建物となると役所での記録が確認できず、建築確認さえ取得してい
るかどうか不明なことがあります。

取得が不明な場合、違法建築の可能性が否定できないため、行政から
修繕か取壊しを命じられることや、安全性を担保できないことに留意し
ます。

したがって、建築確認と検査済証の番号と取得年月日がある場合はそ
のまま書き、ない場合は「建築確認（検査済証）の取得は○○（役所名）

では記録がなく不明です。建築確認を取得後その内容と異なる内容で建築されている場合、建築基準法に抵触している可能性が高く、特定行政庁から是正措置を命じられることがあります」「建築確認の取得が明確でないため居住に関して安全性を担保できない可能性があります」と書きます。

この項目でのポイントは建築確認、検査済証の取得の有無を書くだけで終わらせるのではなく、取得の有無が買主にどのように影響するかまで触れることです。

●駐車場は寸法制限、重量制限に注意する

マンションにおける7）駐車場の専用使用権では、買主が駐車場を所有している車で利用できるのかどうかを明示することが目的です。

ポイントは、売主が現在使用している駐車場がある場合は買主がそのまま使用権を継承できるのか、使用していない場合はどのようにしたら利用できるのかです。

また、現在駐車場に空きがない場合は順番待ちなのかそれとも空きが出次第抽選となるのか、車庫寸法が定められている場合はその寸法が車検証に記載されている寸法で入庫できるのか、それとも実際の寸法でいいのか（機械式駐車場には重量制限があるため重量も気をつけます）などです。

他にも車庫位置によって使用料などが違うことがある点にも気をつけて書きます。

マンション内の駐車場はとにかくトラブルが多発する箇所です。できれば事前に買主の車の車検証に記載されている寸法を把握し、管理会社へ入庫できるか確認を取っておく方がいいでしょう。

●目に見えない情報をどう取得するか

8）その他の事項の目的は、不動産業者の専門性の範囲内でしっかり調査を行い説明しましたと言える内容を補足することです。

ここの項目までに記載がなかった「購入の意思決定に関係する事項」「取引の目的に関係する事項」「お金に関係する事項」「契約不適合に関係する事項」について買主に知ってもらいたい、容認してもらいたいことを書くのが一般的です。

その結果、主に取引条件、周辺環境、物件状況などの情報を中心に記載することになると思いますが、騒音、臭気、振動、塵埃など目に見えない情報は売主の告知とは別に現地を歩いたり地図を見て不動産業者が判断するしかありません。

学校、工場、農地、河川、幹線道路、鉄道などが近隣にある場合はそれから生じることを想定して書いていきます。

以上8項目についてより詳細に述べましたが、その他の項目に関しても、取引の当事者が不測の事態に陥るような重要な事項はすべて書いていきます。

重説を書く際は常にその目的が何であるか、意識して書いていくようにしましょう。

ここがポイント！③

うんざりするほど書く項目が多いけれど、要点さえつかめばそう大変じゃない。とにかく重説は経験が大事！

4 売契はスケジュール帳も兼ねている

●売契の目的とは

売契をつくる目的は、次の3点に集約できます。

1）取引条件をまとめること

2）スムーズに手続きができること

3）税務面の問題をクリアすること

これらを押さえておけば当事者間で問題になることはあまりないはずです。その上で宅建業法の第37条に定められている各条項（次ページ表参照）に従い、各不動産業者で用いている契約書式をベースに作成することになります。

なお、売契を書面で残すのは、取引における口約束の"証拠"を書面という"形"として残すためです。何を証拠として残すかを意識しながら、作成していきます。

●取引条件の軸は4つ

まずは、取引条件をまとめます。「どこからどこまでを（不動産の特定）」「いくらで買い（売買価格）」「どうしたら解除となり（解除条件）」「問題があったらどう責任を取るか（契約不適合責任）」という4点を軸に整理していきます。それぞれが右表の「2」「3」「7」「9」「11」の項目にあたります。

売買価格は金額を間違いなく、解除条件は主語や"何がどうなったら解除となるのか"を押さえていれば、売買当事者や私たちも勘違いをす

●宅建業法第37条で定められている「売契」に書くべき条項

1	当事者の氏名（法人にあっては、その名称）及び住所
2	当該宅地の所在、地番その他当該宅地を特定するために必要な表示又は当該建物の所在、種類、構造その他当該建物を特定するために必要な表示
3	代金又は交換差金の額並びにその支払の時期及び方法
4	宅地又は建物の引渡しの時期
5	移転登記の申請の時期
6	代金及び交換差金以外の金銭の授受に関する定めがあるときは、その額並びに当該金銭の授受の時期及び目的
7	契約の解除に関する定めがあるときは、その内容
8	損害賠償額の予定又は違約金に関する定めがあるときは、その内容
9	代金又は交換差金についての金銭の貸借のあっせんに関する定めがある場合においては、当該あっせんに係る金銭の貸借が成立しないときの措置
10	天災その他不可抗力による損害の負担に関する定めがあるときは、その内容
11	当該宅地若しくは建物が種類若しくは品質に関して契約の内容に適合しない場合におけるその不適合を担保すべき責任又は当該責任の履行に関して講ずべき保証保険契約の締結その他の措置についての定めがあるときは、その内容
12	当該宅地又は建物に係る租税その他の公課の負担に関する定めがあるときは、その内容

第6章 ●最後の仕上げ！ 重説と売契で留意すべきポイント

ることはなく、問題が発生することもありません。

　問題が発生するとしたら、不動産の特定と契約不適合責任に関してで、売買当事者の相互間や私たちとの間で認識の違いがあるときです。

　不動産の特定については重説のところでも書きました。後で「あれは売る範囲に入っていない」となるのを避けるため、できるだけ明確に"どこからどこまでが売買対象なのか"を書きます。

●契約不適合責任にどう対応するか

不動産取引では契約不適合責任という条項があります。

契約不適合責任とは、「不動産が種類および品質に関して契約内容と異なるときは、買主は売主に対して修繕や損害賠償、契約解除を請求できる」という売主の責任と、買主の保護を明示した条項です。

簡単にいうなら、購入した不動産が売買契約書等の書面などで確認した内容と異なる状態なら、買主は売主に対して責任を問えるというものです。要は「契約書に書かれていたか」がポイントです。

これは売主にとって重い責任です。たとえば、事前に雨漏りがあることを買主は知っているのに、契約書にうっかり書き忘れてしまうと、契約内容と異なる不動産を売ったことになり、売主は契約不適合責任を負うことになるからです。契約書に「雨漏りがあります」と書いてあれば契約不適合責任は不問なのにです。そのため、しっかり不動産の状態を明示しないと、後で買主から契約内容と異なる不動産を売られた、と責任を追及されることがあるのです。

これは売主だけではなく、同時に、私たちもトラブルのタネにもなります。そのため、契約不適合責任への対応を考える必要があります。

対応策としては、1）不動産の現状をしっかり調査して、2）契約書等の書面で明示し、3）もし故障や傷があればそれらを含んだ品質であることも記す、の3点です。3）は少しわかりづらいですが、設備の故障や傷を含んでこの売買価格になっている、と明示することです。

そのため、建物状況調査（137ページ参照）などを活用し、不動産の現況をしっかり調査把握した上で、1）売買契約書の特約欄、2）重要事項説明書のその他重要な事項、3）物件報告書、設備表（後述する266ページ参照）で、不動産の現状（数量と品質）を明示して、買主の

合意を取るようにしなければなりません。

●売主が誰かで契約条項を変える

契約不適合責任の期間は、誰が何を売るかで異なってきます。

一般的には売主が、1）個人の場合は3カ月（任意）、2）事業者の場合は1年、3）宅建業者の場合は2年以上、4）新築住宅の取引は柱、床など主要構造部のみ10年、となっています。

したがって、売主と商品によっては売契の契約条項を変えていくことが必要です。

なお、契約不適合責任は民法上では知ってから1年以内に通知となっていますが、上記のような取り決めがある場合は、そちらの期限が優先されます。

●スケジュールがわかるようにする

売契の作成は、売主・買主が契約後にいつまでに何をして、いつまでに何を用意するのか、一目瞭然に予定が立てられるようにするのも目的です。

たとえば、買主に住宅ローンの利用がある場合は、おおむね売買契約日から1カ月半から2カ月後に残代金決済日と定めます。

手続きは平日に行うことが多いため、売主・買主双方の仕事の事情などを考えて、できるだけ余裕のあるスケジュールを売契上で定めます。

あまりにタイトなスケジュールですと、売主・買主双方ともせわしなく動くことになるので、取引に不満が生じやすく、それが高じてくるとトラブルに発展します。売主および買主のスケジュールを確認しながら、実務上で問題が生じない余裕のあるものにしましょう。

なお、スケジューリングのポイントは、住宅ローン特約や買い替え特

約など、停止条件（代表的な停止条件は以下の表です）の成就する期間をどう考えるかです。期間を読み問違えると、期間が過ぎてしまい契約が不成立となってしまいますので注意しましょう。

●停止条件下における契約書記載の日付目安

代表的停止条件	期間の目安
住宅ローン特約	・契約日から承認期日までは1カ月前後は空ける ※金融機関は申込みから承諾まで最短2週間だが、書類の収集や訂正などの手間も考慮して期間を定める
買い替え特約	・契約日から3カ月間は停止条件期間として取る ※買い替え条件が成立するまでだと無期限となるので、3カ月程度経過して不成立なら契約解除をできるようにする
確定測量図交付の特約	・契約日から決済日までは1カ月半以上取る ※確定測量図の作成には1カ月以上はかかる。道路の官民査定もある場合は最低2カ月の期間は確保する

●建物の価格を明らかにする

　売契の目的の3つ目は節税です。これはふだん、居住用の不動産もしくは個人間の売買をやっているとわかりづらいのですが、法人間や投資用、事業用の売買を行っている業者には当然の知識です。

　売契に売買金額の内訳として建物と土地の価格を記載します。焦点は建物の価格の設定で、建物の価格をいくらにするかで譲渡所得税、法人税、消費税の支払いを節約することができるからです。

　たとえば、売主が課税業者の場合は建物価格に消費税がかかってきます。土地には消費税がかからないので非課税です。そうすると所有しているビルを売る場合は、できるだけ建物価格を下げた方が消費税を支払わずに済み、節税できます。

では、建物価格は低ければ低いほど良いのかというとそうでもなく、建物価格があると減価償却として節税手段として利用できますので、一概に低ければ良いというものではありません。ケースバイケースなのです。

　また、建物価格の設定には説明のつく根拠が求められます。適当に決めても税務署に否認されれば意味がないからです。したがって、実務上は「客観的に見て合理的な計算で算出する」か、「税理士と相談して決める」のどちらかになると思います。

　前者の場合は、評価証明書上の建物価格と土地価格の比率を売買価格に乗じて算出する方法か、税務署で例示している建築価額から減価償却計算を行い算出するようにしています。

　いずれにしても、売主・買主双方が売買契約時には土地建物各々の価格設定で合意していることが必要ですので、事前に売契に記載した計算をした金額内訳を見せ、両者の同意を得るようにしておきましょう。

●解釈があいまいな書き方は NG

　売買契約書では「～とする」「～で合意をした」と断定調で書きます。重説とは異なり、私たちが説明するものではなく、売主と買主の合意文書だからです。また、特約を書く際には売主、買主が解釈に迷わないように細かく具体的に数字や期限を明示します。

　また、説明の際は売主、買主が当事者であることを意識づけるように話をします。「お任せだったので覚えていない」と後で言われないようにしておきましょう。

ここがポイント！ ④

売契では単に条件をまとめるだけではなく、スムーズな手続きと税務問題のクリアに注力する。

5 軽視すると痛い目にあう「物件報告書」と「設備表」

　不動産の取引の際には売契と重説の他にも確認すべき書類があります。

　売主が不動産の現況と買主に知らせておくべきことをまとめた「物件状況等報告書（以下、物件報告書）」と、不動産と一体で取引される設備関係とその状態をまとめた「設備表」です。

　売主の責任や保証に関わる書類ですので、できるだけ早く売主へ手渡し、書いてもらうようにします。

●目的は「保証」と「確認」

　物件報告書とは、売主が「ここで告げなかった（書かなかった）瑕疵はすべて責任を取ります」と明示した書類です。

　書いた瑕疵については買主が納得すれば価格に織り込み済みということになり、売主の責任は問われません。

　戸建等の場合は建物の傾き、雨漏り、床下の状況、給排水管の故障、ゴミ置場などの近隣との申し合わせ事項の確認がポイントとなります。

　マンションは漏水等の被害や上下左右住戸の居住者がどういった人たちなのかがポイントです。どちらとも、買主の購入目的を把握して、それに関係する瑕疵は些細なことでも書いておくのが理想です。

　設備表とは、売主が「置いていくもので、故障が無いとしている設備等に故障が有ったらすべて責任を取ります」と明示した書類です。保証もありますが、どちらかというと売主の置いていくものの確認を意味する書面です。

物件報告書と違い、説明をしっかりしないと売主は「今、家にあるものを書けば良い」と書き方を勘違いするので注意します。

　そのため、記入例を手渡す際に、「引っ越し先にもっていくものか処分するものは"無し"としてください」と一言つけ加えましょう。また、故障イコール"使えないもの"と考えがちですが、洗面台ボウルに"ひび"が入っている程度も故障とみなす方が正解です。

　売主は日常生活をしており、多少の傷や故障は気にしなくなっていますが、買主にとって設備は高額な買物の一部ですから、ちょっとした傷でもとても気にします。このように売主と買主に温度差があることを理解しつつ、書いてもらうようにします。

●軽視せず確認する

　物件報告書や設備表は日常生活に関係する内容ですので、「故障が無しとなっている魚焼きグリルが使えないんですけど……」と引渡し後にクレームになることが多々あります。

　そのため、引き渡しまでに売主に「物件状況等報告書と設備表の確認を取らせていただけませんか」と依頼して、引き渡しを受ける前に、買主と一緒に部屋の状況を確認させてもらうのが理想です。

　何か問題点があればその場で話し合い、必要であれば売主に補修してもらうようにします。

ここが
ポイント！

⑤ 購入直後の興奮が落ち着いてくれば、ささいなことが気になるもの。物件報告書、設備表をつくり、リスクに備えよう。

6 ここだけは押さえておきたい 「ハンコ」の基礎知識

収入印紙を「割印してください」もしくは「消印してください」。どちらが正しいのでしょうか？

結論は文書と印紙をまたがって押印しているので割印で正解です。でも、収入印紙を押印で再利用できなくしているので、消印でも正解。ということで、どちらでも正解でした。

私自身は、このことを覚えたときは、ひそかに自分が一人前になったなと思ったものでした。

●契印を押してもらう

契約日の2〜3日前に売契と重説を書き終えるとそれを袋とじ(製本)もしくはホチキスで止めて、契約の準備は完了です。

袋とじの場合は契約の署名捺印時に、取引当事者全員に帯と表紙（表裏)にまたがって印鑑を押してもらいます。ホチキス止めの場合は各ページにまたがって印鑑をもらいます。

このことを契印と言います。契印を押す理由は、内容の差し替えや抜き取りを防ぐためで、2枚以上の文章を関連づけるのに必要な押印です。なお、契約書を2枚、横につなげる場合も用紙の接続箇所には契印をもらうようにします。

ちなみに、取引士印や会社印は契印を押す必要があるのでしょうか。判断が難しいところですが、私の場合は重説には会社印のみ押しますが、売契にはどちらも押しません。

重説において説明の責任者は会社（宅建業者）と考えていますので、会社印は押しています。売契は売主・買主が当事者で会社、取引士ともども責任の主体ではないので押しません。あくまでも当事者かどうかの判断によって押印をします。

●契印方法

両ページにわたるように

袋とじのときは
裏表紙と帯
（製本テープ等）に
※表でも可

●町丁以下はハイフンで構わない

　売主・買主に売買契約書等に住所を記入してもらう際に悩むのが、「1丁目34番6号」と書くのが良いのか「1－34－6」とハイフンでも良いのか、その記載方法です。結論を言いますと、どちらも変わりありませんので気にせず書いてもらいます。

　ただ、売主は登記事項証明書どおりか、印鑑証明書どおりの住所どちらかにした方が後日、司法書士の確認がしやすいものと思います。なお、第3章でも説明しましたが、押印する印鑑は売主は実印ですが、買主は融資がない場合は認印でも構いません。

●割印消印を必ずする

契約を終えたら収入印紙を貼付し、用紙と印紙にまたがって消印（割印）を売主・買主両方にしてもらいます。消印の意味から言えば売主・買主どちらか一人だけの押印で問題ないかと思いますが、双方が確認した意味合いで儀式的に消印をしてもらいます。

●金額の訂正は行わない

売契などの読み合わせを行っていると、間違いがあり訂正が必要な場面が出くわすことがあります。

その場合、売買金額という最も重要な情報は訂正をせず、できるだけ契約書を作成し直すか、変更契約書で対応するようにします。金額の訂正はタブーです。

金額以外について、改めて契約書をつくり直す時間がない場合は、次のように訂正を行います。

1）訂正箇所に元の文字が読めるように二重線を引く

2）訂正箇所の上に正しい文字を書く

3）欄外に「加入（加筆）〇字」「削除（抹消）〇字」と書く

4）当事者全員に押印に使用した印鑑で捨印を押してもらう

●訂正方法

加入四字

〇月〇日

削除四字　　第2条　本契約は△月△日までに

捨印　捨印

注意点は後日勝手に訂正内容を変えられないようにすることです。そのために必要なのは、「数字は加筆されないように大字、漢数字、算用数字を書き分ける」「捨印は『加入（削除）○字』の近くか、訂正箇所近くに押す」という2点です。

　大字とは聞き慣れないかもしれませんが、法的な文書の改竄を防ぐために用いる数字です。"一"ですと"二""三""十"に改竄ができるので、大字の"壱"を用います。慣れるまでには少し時間がかかるかもしれないですが、チャレンジしてみてください。

　それから、捨印を訂正箇所近くに押すというのは、私自身が法務文章に詳しいお客さんから指摘されたことです。調べてみたらその通りでした。欄外は他の変更内容に流用される危険があるので、訂正箇所の近くに捨て印を押すのが正しいようです。

　いずれにしても訂正は行わないに越したことがないので、売契等を作成中に何度も間違いがないか確認するクセを付けましょう。その方が安全です。

ここがポイント！⑥

神は細部に宿る。一人前になるには売契締結時の「訂正」もしっかりできるようになろう！

【著者紹介】

畑中 学 (はたなか・おさむ)

◉──不動産売買のスペシャリスト。年間300件以上の相談を受け、常に顧客のメリットを優先して問題解決にあたる「業界の良心」的な存在。不動産業界の新人用テキストとして人気を博した『不動産キャリアパーソン講座テキスト【入門編】』(全宅連)の共著者も務めている。

◉──1974年生まれ。不動産コンサルタント。宅地建物取引士のほか、公認不動産コンサルティングマスター、マンション管理士、管理業務主任者の資格も保有している。

◉──幼少時に相続問題に巻き込まれ自宅を失ったことで、不動産に強い興味を持つ。東京農業大学大学院で造園を学び、設計事務所に就職。その後、大手不動産会社に転職し7年勤務。不動産の販売・企画・仲介業務に携わり、当時最年少の32歳で支店長となる。リーマン・ショック後の2008年に起業し、武蔵野不動産相談室株式会社を設立。代表取締役に就任。以来、不動産コンサルタントとして全国に活動範囲を広げるとともに、不動産ポータルサイトでアドバイザーを務めている。特に不動産に関わる相続や債務問題のトラブルシューティングを得意とし、解決率は96%。その真摯な取り組みがNHK総合テレビ「おはよう日本」をはじめ、読売新聞、日本経済新聞などで紹介された。不動産業界・建設業界の人材育成にも尽力しており、各業界団体や日本経済新聞社でのセミナーにも登壇している。

◉──著書に、『家を売る人・買う人の手続きがわかる本』(小社)、『はじめて不動産でお金を稼ぐ。』(秀和システム)、『図解即戦力 不動産業界のしくみとビジネスがこれ1冊でしっかりわかる教科書』(技術評論社)などがある。

最新版〈2時間で丸わかり〉不動産の基本を学ぶ

2013年 6 月21日	初 版第1刷発行
2021年11月 1 日	最新版第1刷発行
2024年 6 月 4 日	最新版第4刷発行

著 者──畑中 学

発行者──齊藤 龍男

発行所──株式会社かんき出版

　　　　　東京都千代田区麹町4-1-4 西脇ビル　〒102-0083
　　　　　電話 営業部：03(3262)8011㈹　編集部：03(3262)8012㈹
　　　　　FAX　03(3234)4421　　　　　振替　00100-2-62304
　　　　　https://kanki-pub.co.jp/

印刷所──新津印刷株式会社